参与型企业社会责任
现象、机制及边界

方亚平 著

中国科学技术大学出版社

内容简介

本书从消费者直接参与企业社会责任活动这一现象入手,深入探索企业社会责任实践新模式——参与型企业社会责任的作用机制和影响因素。通过实证研究,分析了消费者在参与企业社会责任活动时的动机归因及价值判断,研究了个体对参与型企业社会责任的行为反应,明确了其在提升品牌资产层面的有效性等。通过对消费者个性特质的分析,讨论了参与型企业社会责任有效性的边界条件,揭示了消费者参与企业社会责任活动的决策过程、心理机制及边界条件,在为企业社会责任研究添砖增瓦的同时,为企业有效开展参与型企业社会责任活动提供帮助。

图书在版编目(CIP)数据

参与型企业社会责任:现象、机制及边界/方亚平著. --合肥:中国科学技术大学出版社,2024.12

ISBN 978-7-312-05923-0

Ⅰ.参… Ⅱ.方… Ⅲ.企业责任—社会责任—研究 Ⅳ.F272-05

中国国家版本馆 CIP 数据核字(2024)第 051320 号

参与型企业社会责任:现象、机制及边界
CANYUXING QIYE SHEHUI ZEREN: XIANXIANG、JIZHI JI BIANJIE

出版	中国科学技术大学出版社
	安徽省合肥市金寨路 96 号,230026
	http://press.ustc.edu.cn
	https://zgkxjsdxcbs.tmall.com
印刷	安徽省瑞隆印务有限公司
发行	中国科学技术大学出版社
开本	710 mm×1000 mm 1/16
印张	11
字数	224 千
版次	2024 年 12 月第 1 版
印次	2024 年 12 月第 1 次印刷
定价	56.00 元

前　　言

当今世界面临着百年未有之大变局,粮食安全、资源短缺、气候变化、网络攻击、人口爆炸、环境污染、疾病流行等问题层出不穷,对人类生存构成了严重的威胁。由此,可持续发展理念得到了推广和广泛认可。消费者、投资者、政府等利益相关者也因此更加重视企业在环境保护、资源利用、社会公益等方面的努力和表现,期待企业能够积极参与社会事务,履行社会责任,承担更多的社会义务。他们会嘉奖积极履行社会责任的企业,惩罚不负责任的企业。企业的不负责任行为或现象将面临前所未有的社会舆论压力,其带来的负面影响也愈发持久,甚至可能给企业带来毁灭性打击。

与此同时,随着对企业社会责任研究的深入,学者和企业经营者以及相关从业人员逐渐意识到企业承担社会责任不再只是成本、约束或是单纯地做好事、做正确的事,而是其赢得市场机会和竞争优势的来源,是企业战略的有效实施。大量文献早已证实企业社会责任的积极作用,包括增加企业声誉、提升企业形象、获得消费者支持以及提高财务绩效等。实践中,美国运通公司凭借自由女神像修复计划成为具备社会责任感的爱国企业的代名词,在树立良好企业形象的同时获得了美国公众持久的喜爱与支持。

鉴于此,企业开始自发主动地履行社会责任,以期提高市场竞争力、获得可持续发展的能力。随着信息技术和社交媒体的发展,企业开始创新社会责任的履责方式。其中,最引人注目的是参与型企业社会责任。作为企业社会责任的创新模式,参与型企业社会责任能够实现与消费者的实时互动。因此,其在短时间内受到企业的广泛效仿。研究发现,当消费者直接参与企业社会责任活动时,更易提高消费者信任和满意度、增加消费意愿、产生积极的企业社会责任联想。可见,参与型企业社会责任可能是提高消费者忠诚度和为企业带来竞争优势的有效策略。尽管如此,目前学界对参与型企业社会责任的关注较为不足,企业履行参与型企业社会责任缺乏理论和实践指导。

为此,本书试图通过理论分析和实证数据检验等方法深入讨论参与型企业社会责任,并在此过程中分析其内在原因、理解消费者对参与型企业社会责任的认知及行为反应的心理机制,并在此过程中探索影响参与型企业社会责任有效性的边界条件。本书的主要研究发现与研究结论具体如下:

参与型企业社会责任按其参与方式可以分为金钱型和时间型，其理论基础是时间的内在模糊性理论和双过程理论。在参与型企业社会责任中，消费者对于时间型参与有着更高的感知价值、企业社会责任感知和更积极的参与意愿，并最终有利于品牌资产的提升。稍有不同的是，更高的感知价值受到参与型企业社会责任类型的直接影响，而更高的企业社会责任感知、参与意愿和品牌资产则可通过感知价值的中介作用间接获得。这说明，感知价值是影响参与型企业社会责任作用机制中的关键中介要素。

消费者对参与型企业社会责任的动机归因是影响企业品牌资产构建的直接决定因素。当消费者认为企业履行参与型社会责任是出于真诚地关心社会时，企业品牌资产会得到提升。如果企业履行参与型社会责任被认为是为了追求企业自身利益，则会给品牌资产带来负面影响。在参与型企业社会责任中，通过对参与意愿的测度，能够将个体面对企业社会责任活动时内在的心理认知可视化。在引导消费者参与企业社会责任活动的过程中，对企业社会责任的感知、品牌态度等均由消费者对企业社会责任活动的参与意愿所外显和体现。进一步的数据分析发现，消费者对参与型企业社会责任的动机归因通过参与意愿影响品牌资产，验证并揭示了个体心理过程的内在机制。

此外，自我建构是参与型企业社会责任的重要边界条件。自我建构的类别（独立型和互依型）及其水平高低显著影响参与型企业社会责任的有效性。就类别而言，独立型自我建构消费者对参与型企业社会责任类型的反应更敏感；就水平而言，企业社会责任归因与消费者参与意愿之间的关系随着互依型自我建构水平的增加而减弱。

综上所述，本书通过探讨参与型企业社会责任的有效性、内在机制及可能存在的边界条件，促进了个体层面企业社会责任研究的发展与深入，同时为企业履行参与型企业社会责任提供理论支持与实践指导。有意推动参与型企业社会责任有效履行的企业管理者和相关从业者，可以借鉴本书的研究发现和建议。

本书为安徽省高校哲学社会科学研究重点项目（项目编号：2022AH051769）和合肥大学人才科研基金项目（项目编号：20RC65）的研究成果。由于作者水平有限，书中难免存在疏漏之处，敬请各位专家和读者批评指正。

方亚平
2024 年 3 月

目　　录

前言 …………………………………………………………………………（ⅰ）

第一章　绪论 …………………………………………………………（ 1 ）
第一节　研究背景 …………………………………………………（ 1 ）
第二节　问题的提出 ………………………………………………（ 7 ）
第三节　研究思路和结构 …………………………………………（ 8 ）

第二章　企业社会责任相关理论与文献综述 ………………………（ 10 ）
第一节　企业社会责任基本内容 …………………………………（ 10 ）
第二节　企业社会责任研究的理论基础 …………………………（ 14 ）
第三节　企业社会责任的维度及测量 ……………………………（ 17 ）
第四节　企业社会责任文献综述 …………………………………（ 21 ）

第三章　参与型企业社会责任的产生与理论基础 …………………（ 29 ）
第一节　参与型企业社会责任的出现 ……………………………（ 29 ）
第二节　参与型企业社会责任的概念及特征 ……………………（ 35 ）
第三节　参与型企业社会责任的类别 ……………………………（ 37 ）
第四节　参与型企业社会责任研究的理论基础 …………………（ 40 ）

第四章　参与型企业社会责任类型的作用机制及边界条件实证分析 ……（ 50 ）
第一节　研究回顾及述评 …………………………………………（ 50 ）
第二节　研究假设 …………………………………………………（ 52 ）
第三节　概念模型构建 ……………………………………………（ 60 ）
第四节　实证研究设计 ……………………………………………（ 61 ）
第五节　数据分析与假设验证 ……………………………………（ 73 ）
第六节　概念模型修正、研究结果、意义与启示 ………………（109）

第五章　参与型企业社会责任归因对品牌资产影响的实证研究 …（118）
第一节　研究回顾及述评 …………………………………………（118）
第二节　研究假设与概念模型 ……………………………………（119）
第三节　实证研究设计 ……………………………………………（124）
第四节　实证研究结果分析 ………………………………………（125）
第五节　研究结果、意义、启示、局限及未来研究方向 ………（130）

第六章　研究结论与展望 …………………………………………… (135)
　　第一节　研究结论 ………………………………………………… (135)
　　第二节　理论贡献 ………………………………………………… (136)
　　第三节　研究启示 ………………………………………………… (137)
　　第四节　研究局限与展望 ………………………………………… (139)

附录 …………………………………………………………………… (140)
　　附录一　调查问卷(类型一) ……………………………………… (140)
　　附录二　调查问卷(类型二) ……………………………………… (144)
　　附录三　所有变量第四次探索性因子分析详细结果 …………… (149)
　　附录四　初始修正指数以及二次拟合修正指数 ………………… (151)

参考文献 ……………………………………………………………… (156)

第一章 绪　　论

本章在分析现实背景和理论背景的基础上,提出本书所要研究的核心问题,并对全书的框架结构进行介绍。

第一节　研究背景

一、现实背景

(一) 企业社会责任实践新模式的出现

移动互联网的快速普及和社交媒体的发展为企业履行社会责任提供了全新的机遇和方式。根据国际电信联盟(International Telecommunication Union,ITU)的数据,截至2022年上半年,全球移动用户超过85.8亿,已经超过全球总人口数。同时,移动应用程序的下载量在近年来呈现指数级增长。根据移动数据分析提供商data.ai(原App Annie)的《2023年移动市场报告》,全球移动应用程序的下载量预计将增长至2550亿次,使用时长也将达到4.1万亿小时。此外,根据tech.co的统计数据,截至2022年,全球社交媒体的使用人数已达47.4亿,影响着全球一半以上的人口,且这一数据预计在2027年达到58.5亿。

在此背景下,企业广泛通过移动应用、社交媒体等互联网工具,邀请消费者一起参与公益慈善、环境保护等社会责任活动。其中,参与企业最多、范围最广的是由互联网龙头企业——腾讯公司牵头发起的"99公益日"。"99公益日"由腾讯公司联合数百个慈善组织、知名企业以及创意机构于2015年推出。腾讯公司将企业社会责任活动巧妙地嵌入消费者的日常生活(如购物、运动、学习、外卖、出行、社区生活等)中,并通过小额捐款、行为公益、社交传播等多元化方式帮助消费者轻松参与企业社会责任活动,共建社会责任共同体。公开资料显示,2022年"99公益日"当天参与人次就超过5816万,筹集善款总额超过33亿元。因其范围广、参与度高,"99公益日"与美国的Giving Tuesday(给予星期二)以及英国的Red Nose Day

（红鼻子日）齐名，成为我国的全民公益节日。

与此同时，其他企业也积极开展以消费者共同参与为特征的新型社会责任活动。例如，2023年8月，百胜中国携旗下品牌与中国乡村发展基金会联合发起了"捐一元"活动，以改善乡村孩子的营养状况。消费者可以扫描点餐小票上的二维码，通过捐步、健步走等方式参与该活动，也可以通过购买爱心套餐以及直接捐款的方式来参与该活动。又如，2022年春节期间，李宁集团携手腾讯公司和中国妇女发展基金会联合推出"传递爱的火炬"捐步活动，每天2022步就能参与"母亲邮包"公益项目，为困境妈妈送温暖。此外，丰巢公司与北京感恩公益基金会合作邀请全国4亿用户参与"和丰巢一起捐步点亮乡村"活动，为中西部偏远地区乡村筹建太阳能路灯。同程旅行与中华社会救助基金会合作，推出购票"画一笔、捐一笔"活动，用户通过活动页面创作的每一幅画都将为"艺术改变乡村"公益项目获得一元公益金支持，助力乡村振兴。

通过鼓励消费者积极参与社会责任活动，企业可以在社会责任的履行过程中释放消费者关于责任、环保和仁爱等多样化的需求并给予满足，在多元化的公益场景中调动消费者积极参与社会责任活动的潜力，有效增强消费者的信心和恒心，从而实现可持续发展，共创社会责任生态链。可以预见，这种新颖的履责方式不仅符合国家政策和社会需求，而且会成为企业社会责任的新风尚，它在得到消费者广泛认可和支持的同时，有助于企业的可持续发展和品牌形象的提升。

（二）企业社会责任受到党和政府高度重视

2001年1月，由中国证券监督管理委员会和国家经济贸易委员会联合发布的《上市公司治理准则》（以下简称《准则》）中，明确提及了"企业社会责任"。《准则》第八十七条指出："上市公司在保持公司持续发展、提升经营业绩、保障股东利益的同时，应当在社区福利、救灾助困、公益事业等方面，积极履行社会责任。"此后多年，政府相关部门相继发布了多个与企业社会责任相关的文件，为企业履行社会责任给予指导和规制。比如，2016年，国家质量监督检验检疫总局和国家标准化管理委员会联合发布《社会责任指南》《企业社会责任报告编写指南》《社会责任绩效分类指引》等文件，为推动企业社会责任实践给出了明确的规范和指引。此外，针对特定行业和企业的社会责任实践问题，政府同样给予高度关注，颁布包括《上市公司社会责任指引》《关于中央企业履行社会责任的指导意见》《直销企业履行社会责任指引》在内的一系列文件，以促进企业的可持续发展。

近年来，党和国家愈发高度重视企业社会责任的履行，接连提出一系列政策方针。2015年9月，国家主席习近平在第七十届联合国大会上提出"构建人类命运共同体"的治国理政方针。该理念包含相互依存的共同利益观、可持续发展观和全球治理观的价值观，为企业承担社会责任提供宏观背景和履责动力，鼓励企业作出公益慈善、环境保护、员工福利等社会责任行为，有助于推动经济与社会的协调发展。

为了进一步规范和支持企业履行社会责任,中华人民共和国第十二届全国人民代表大会于 2016 年 3 月通过了《中华人民共和国慈善法》(以下简称《慈善法》)。《慈善法》明确规定,以捐赠金钱的方式履行社会责任的企业,可以依法享受税收优惠。并且,当捐赠支出超过法律规定的准予在计算企业所得税应纳税所得额时当年扣除的部分,允许结转以后三年内在计算应纳税所得额时扣除。而以捐赠实物、有价证券、股权和知识产权等方式履行社会责任的企业,则可以依法免征权利转让相关行政事业性费用。此外,针对履行符合国家方针政策的社会责任,如扶贫济困等,企业还将享受特殊的优惠政策。2022 年 12 月,中华人民共和国第十三届全国人大常委会第三十八次会议审议通过了《慈善法(修订草案)》。修订草案中优化了慈善促进措施、完善了互联网平台捐赠规制并健全了监管新机制。《慈善法》的出台及修订为企业履行社会责任提供了坚实的法制保障和政策支持,创造了良好的社会环境和条件。

2021 年 8 月,中央财经委员会经济会议中提出的"第三次分配"更是给企业履行社会责任提供了广阔的空间。第三次分配是 1994 年厉以宁教授在《股份制与现代市场经济》中提出的概念。他认为,与通过市场实现收入的首次分配和通过政府调节而进行的再分配不同,第三次分配是个人自愿将自身可支配收入的部分捐赠出去的一种分配形式。初次分配是按照贡献原则对生产要素进行分配,强调效率;再分配是政府通过税收、社保支出等方式进行收入调节,侧重公平;而第三次分配是对再分配的有益补充,体现了社会成员更高的精神追求,是促进社会公平正义的"温柔之手"。

事实上,早在 2019 年党的十九届四中全会中就提出了第三次分配,要求企业重视发挥第三次分配的作用,发展慈善等社会公益事业。2020 年,党的十九届五中全会再次提出,要发挥第三次分配的作用,发展慈善事业,改善收入和财富分配格局。2021 年 8 月,习近平总书记在中央财经委员会第十次会议上强调,"要坚持以人民为中心的发展思想,在高质量发展中促进共同富裕,正确处理效率和公平的关系,构建初次分配、再分配、三次分配协调配套的基础性制度安排,加大税收、社保、转移支付等调节力度并提高精准性,扩大中等收入群体比重,增加低收入群体收入,合理调节高收入,取缔非法收入,形成中间大、两头小的橄榄型分配结构,促进社会公平正义,促进人的全面发展,使全体人民朝着共同富裕目标扎实迈进"。作为再分配的有益补充,第三次分配能够更好地鼓励企业在履行经济与法律责任的同时积极履行道德慈善责任,为构建一个全新的收入分配渠道提供基础。

从构建人类命运共同体价值观的提出,到《慈善法》的颁布与修订,再到三次分配的反复强调,新时代党和国家已经将企业社会责任上升到国家战略体系层面。相应的激励体系、保障体系及立法机制也将继续完善,为企业履行社会责任提供坚实的法律基础和政治保障。

二、理论背景

(一) 企业社会责任理论逐渐被接受

一直以来,关于企业是否有超越盈利之外的社会责任的问题是学者们讨论的焦点(Carroll et al.,2000;Garriga et al.,2004)。在过去的两个多世纪中,古典经济理论一直占据主导地位,其代表性观点就是企业有且只有一个履责对象——股东。Friedman(1970)认为:"企业有且只有一项社会责任——在遵守游戏规则的前提下,利用其资源去从事旨在增加其利润的活动,也就是说,在没有欺骗或欺诈的前提下,企业应该积极参与公开的、自由的市场竞争……没有什么能像企业高管接受企业应该履行社会责任而不是为股东尽可能多地赚钱那样彻底破坏我们的社会基础。这是一种根本性的颠覆主义。"

之后,Friedman提出了股东价值最大化理论。该理论的主要观点为股东是企业的所有者,他们为企业提供了资金和资源,因此企业的首要责任就是实现股东利益的最大化,并且企业应该致力于创造最大的经济价值来尽可能地增加股东的财富。根据Friedman的观点,在合法经营的前提下,企业积极经营、努力实现利润最大化就是最大限度地履行对社会的责任。因为市场这只"看不见的手"会调控经济活动,进而实现社会整体福利的最大化。而当企业管理者将商业资源错误地应用于与主要利益相关者无关的社会项目时,他们正在牺牲他们唯一的目标——为他们的雇主及股东有效地赚钱。Friedman认为,即使社会项目的成本被转嫁给消费者,其最终结果也是市场分配机制的扭曲和"无代表权的税收",因为企业管理者不是代表消费者利益的民选官员。

然而,实践证明,只专注于股东价值的最大化会带来一系列负面效应。比如,推崇为股东服务的企业为了短期盈利可能会采取一些不恰当的行为,如削减员工福利待遇或者降低产品和服务质量以降低成本支出,进而影响企业的长远发展。因此,学者们开始质疑古典经济理论的有效性并开始关注除股东之外的其他与企业有关的群体和个人利益的满足,如员工、供应商、客户、政府机构、环保人士、媒体,甚至竞争对手等。企业的责任也不仅仅是为其所有者或者股东合法牟利,而是对所有这些利益相关者负责任(Donaldson et al.,1995)。

Carroll(1979,1991,2004)提出,企业履行社会责任不仅是企业理应承担的提高社会福利的道德义务,也是企业避免让关键利益相关者寒心和避免因政府强制监管带来的经营效益下降的必要条件。基于规范性视角,企业有道德责任和道德义务来确保所有利益相关者的利益,而不仅仅只关注股东的利益(Donaldson et al.,1995)。基于工具性视角,企业满足利益相关者的需求对企业绩效有积极影响(Mitchell et al.,1997)。企业与利益相关者相互信任和合作将降低总体经营成本,并带来竞争优势(Jones,1995)。企业能够从声誉的提升和更大的社会合法性中获益,因为外部利益相关者对企业的积极认知可能会导致销售额的增加或利益相关者管理成本的降低(Waddock et al.,1997)。越来越多的实证研究也表明,认可利益相关者的观点并履行社会责任的企业可以提高企业盈利能力并获得财务绩效,而且往往比那些只关注股东利益的企业能够获得更好的财务绩效(Orlitzky et al.,2003)。此外,由于环境保护、消费者和员工权益保护等运动的推波助澜,企业社会责任理论愈发被大众接受和认可。

(二) 对企业社会责任的探讨不断深入

在企业社会责任领域中,学者们针对重要而具体的研究问题进行了大量探讨。例如,Peloza(2009)研究了如何衡量企业社会责任对财务绩效的影响;Carroll(1999)和Waddock(2004)探索了企业社会责任的可操作性,以及企业社会责任与类似概念之间的异同点;Wood(2010)回顾了如何对企业社会责任进行测量的相关文献;而Peloza和Shang(2011)则对企业社会责任如何为利益相关者创造价值进行了深入的研究。此外,学者们基于特定的学科领域视角对企业社会责任进行了探讨,如市场营销学(Bhattacharya et al.,2004)、组织行为学(Aguilera et al.,2007)、运营以及信息系统等。

其中,具有代表性的是Aguinis和Glavas(2012)的研究。他们在整合了来自环境研究、组织行为和理论、人力资源管理、市场营销和企业战略等多个学科领域共计588篇期刊文章和102本书籍后,提出了包含制度、组织和个体三个层次的企业社会责任研究的通用模型。制度层面上的研究主要关注政府、法律和社会对企业的道德责任要求以及企业如何响应这些要求。组织层面上的研究则探讨了企业在内部实施社会责任策略的过程和机制,如企业治理结构、企业文化、员工参与等。个体层面上的研究主要关注个体在企业社会责任中的角色和影响,如消费者对企业社会责任的认知和态度、员工对企业社会责任的支持和参与等。这三个层面的研究共同构成了企业社会责任领域的多学科、多层次的研究框架。

总的来说,对企业社会责任的探讨在不断地深入和丰富,研究层面在不断地被拓宽。尽管如此,企业社会责任研究领域仍然存在一些重要的知识空白。首先,大多数企业社会责任研究集中在制度和组织层面,对个体层面的研究较少。比如,目前较少有研究关注个体的个性特质因素对企业社会责任的影响。并且,不同层面的研究采用了不同的理论视角和框架,使其研究结果较为碎片和零散化。其结果是,对企业社会责任行为和其结果之间的潜在作用机制的研究仍较为缺乏。尤其是如何运用企业社会责任在造福社会的同时增加企业自身的综合竞争力和长期发展能力等应用性研究较少。可以说,企业社会责任的应用研究才刚刚起步。

（三）相关理论储备较为丰富

1. 价值理论

价值指的是日常生活中对个人来说重要的和有可取之处的信念（Kluckhohn，1951），是个体自身思想和行为的基础（Schwartz，1994）。学者们基于不同的研究需要对价值的分类略有不同。比如，Sheth、Newman 和 Gross（1991）将消费者从产品或服务中感知的价值分为功能价值、社会价值、情感价值、知识价值和情境价值五种类别。Green 和 Peloza（2011）在此基础上将价值理论与企业社会责任相联系，提出企业社会责任主要涉及情感价值、社会价值和功能价值三种类型。慈善捐赠等传统企业社会责任活动大多与情感价值有关，比如通过捐赠获得幸福感、责任感等。同时，企业社会责任有助于个人或企业在社会中树立环保的形象，即获得社会价值。为了提高社会整体福祉而致力于改进或完善产品功能的行为，比如提高汽车尾气排放能效以减少环境污染等，体现的则是功能价值。Green 和 Peloza（2011）进一步指出，情感价值、社会价值和功能价值并不是独立和互斥的，而是能够在单一社会责任活动中被同时感知的。

2. 归因理论

归因是人们对某一事件的形成或现象的发生等加以解释或是指出其形成原因的认知过程（Kelley，1973）。归因理论认为，个体总是努力理解和解释其他个体或群体行为背后的动机，进而指导自己对行为的反应。1958 年，Heider（1958）首次将归因问题理论化，认为存在于事件背后的原因分为两种：一种是内部原因，另一种是与前者相对应的外部原因。之后，Kelley（1973）提出著名的三维归因理论，认为行为背后的原因可以通过行动者本身、竞争对手和行为所发生的环境三种因素来解释。至此，归因理论的理论框架初步建构。此后，归因理论获得了社会心理学界的广泛关注和探讨。近年来，归因理论开始被用来探索企业社会责任这种外在行为表现的原因。比如，Ellen、Webb 和 Mohr（2006）认为企业社会责任的归因较为复杂，可以分为以利他为中心的价值驱动归因、利益相关者驱动归因和以利己为中心的自私自利驱动归因、战略驱动归因四类，并提出这些不同的归因将影响企业社会责任的履行效果。

3. 自我建构理论

1991 年，Markus 和 Kitayama（1991）首次提出自我建构的概念，它被定义为个体认为自己与他人相关或不同的程度。人们可能将自我视为与他人不同的独立实体，即独立型自我建构；也可能将自我视为社会关系的一部分，即互依型自我建构。独立型自我建构者重视自己的独特性，有强烈的个人独立意识，重视自己的个人特点、能力和偏好；而互依型自我建构者则将自己视为社会网络的一部分，重视自己与他人之间的联系，并渴望建立良好的人际关系（Singelis，1994）。Brewer 和 Gardner（1996）指出，独立和相互依存是人类的基本需求，因此个体可能既有独立型自我建构,也有互依型自我建构。独立型自我建构者可能拥有一定程度的互依倾向,而互依型自我建构者也有可能具有某些独立倾向。目前,自我建构理论较少应用于企业社会责任研究领域,但自我建构是个体稳定的内在心理特质之一,其有效影响个体的认知和行为反应,因此是研究个体层面企业社会责任时不可或缺的重要理论之一。

第二节 问题的提出

基于对上述现实背景和理论背景的论述,我们发现,企业需要履行社会责任的观点受到了广泛认同并且符合国家政策方针,相关研究已经较为丰富,但对于个体层面的企业社会责任研究仍然较为匮乏,特别是忽略了对于企业社会责任实践的新模式——鼓励消费者积极参与的企业社会责任的研究与探讨。本书称之为参与型企业社会责任。

已有的关于企业社会责任的研究大多基于制度和组织视角,强调外部因素的压力作用。虽然也有研究从个体层面探究内部因素对企业社会责任的促进作用,但仍然不能切实地针对参与型企业社会责任的特点进行剖析并提出有效建议。这是因为与传统企业社会责任相比,参与型企业社会责任更加注重通过对消费者个体的号召和感染来共同完成社会责任实践,而传统企业社会责任则只是企业单方面的责任履行。鉴于此,对参与型企业社会责任的研究应当从个体层面进行分析和审视,既要探究参与型企业社会责任的前因后果,也要关注影响参与型企业社会责任有效性的因素等多方面内容。

为此,本书将从企业积极鼓励消费者参与其社会责任活动这一现象入手,深入分析参与型企业社会责任的有效性、内在机制及可能存在的边界条件。本书涉及三个核心问题:一是参与型企业社会责任有哪些基本类型,不同类型间有何差异;二是参与型企业社会责任的有效性如何,其具体的作用机制是什么;三是在参与型企业社会责任情境下,消费者动机归因如何影响其行为。具体来说,本书需要解决以下几个问题:

第一,界定和测度参与型企业社会责任,通过文献整理和理论推导,明确提出参与型企业社会责任的概念,明晰参与型企业社会责任的基本类型及内在差异。

第二,实证检验消费者对不同类型的参与型企业社会责任是否存在不同的认知及行为。

第三,分析消费者感知价值在参与型企业社会责任中的作用。尤其是不同类别的参与型企业社会责任是否会引发不同的感知价值,以及是否会引发不同的消费者行为。

第四，分析企业社会责任归因在参与型企业社会责任中的作用，重点关注不同归因所引发的消费者参与意愿的差异性，进而分析其对企业品牌资产的影响。

第五，分析消费者自我建构及其水平是否会增加或减弱参与型企业社会责任的有效性。

第六，通过构建理论模型及进行实证数据分析，检验参与型企业社会责任有效性的作用机制、影响因素和边界条件等，揭示感知价值、社会责任归因、参与意愿、品牌资产等诸多核心变量间的关系。

第三节　研究思路和结构

把握企业社会责任的实质是理解参与型企业社会责任作用机制的基础与前提。基于此，本书首先探讨企业社会责任的概念及内涵、发展演变的历程以及相关研究现状。在分析了企业社会责任理论基础的前提下，本书总结了当前企业社会责任的主要维度及其测度方法，之后从不同的层面梳理了企业社会责任的研究现状，并指出目前研究存在的不足。此外，本书还整理了个体层面企业社会责任所涉及的主要理论基础，包括价值理论、归因理论和自我建构理论。之后，本书分析了企业自发履行社会责任的根本动力，并梳理了参与型企业社会责任这一社会责任实践新模式的产生及其内涵。本书通过时间的内在模糊性理论将参与型企业社会责任根据参与方式进行了分类，并提出了参与型企业社会责任的分析框架。

参与型企业社会责任的作用机制、边界条件等是本书的研究重点。本书一方面注重对参与型企业社会责任类型间的差异进行剖析；另一方面对参与型企业社会责任归因所引发的消费者不同的认知与行为反应进行探讨。此外，本书还尝试研究影响参与型企业社会责任有效性的边界条件。目前，关于企业社会责任的研究更多关注于制度和组织层面的宏观企业社会责任的探讨，较少涉及个体层面的微观企业社会责任的分析，本书的研究能够在一定程度上弥补企业社会责任研究领域的缺陷。本书通过实验法和问卷调查法相结合的方式收集一手数据并进行分析，以进一步检验本书提出的企业社会责任作用机制的研究模型。根据上述研究与分析思路，本书对参与型企业社会责任进行了初步研究，并对企业履行参与型企业社会责任提出针对性建议。

除第一章"绪论"外，本书余下部分共五章，具体结构安排如下：

第二章首先界定了企业社会责任的概念和内涵，并对企业社会责任的维度和测量方法等进行回顾。然后围绕所研究的问题对企业社会责任、价值理论、归因理论以及自我建构理论进行回顾与梳理，厘清相关理论的发展脉络，发现已有研究的欠缺和不足，从而明确本书的切入点，为进一步梳理参与型企业社会责任奠定基础。

　　第三章首先探讨了企业自发履行社会责任的根本动力，并描述了参与型企业社会责任这一新模式的发展历程。然后界定了参与型企业社会责任的概念，并通过对企业社会责任的分类进行梳理，基于参与方式（金钱型和时间型）对参与型企业社会责任进行分类，为后续提出参与型企业社会责任研究框架做准备。

　　第四章为本书的重点，提出的概念模型以参与型企业社会责任的类型为核心而构建，着重分析感知价值在参与型企业社会责任中的作用机制。此章首先对以往的研究进行回顾、提出研究假设并进行概念模型的构建。然后通过实证研究设计相关内容，包括总体实验安排、实验情景的设计等，并根据理论模型和研究假设所涉及的变量（包括被解释变量、解释变量、中间变量等）设置测度方法，阐述数据收集的过程及方式、样本选取的依据以及数据分析中所用的研究方法等。在进行数据分析与假设验证时，本书采用 SPSS 18.0 和 AMOS 22.0 统计分析软件，综合运用探索性因子分析、验证性因子分析、结构方程建模、路径分析、自举法（Bootstrapping）、多群组分析等多种方法进行分析与验证。最后对实证分析结果进行总结。

　　第五章是对第四章参与型企业社会责任类型的作用机制分析的有益补充。其核心在于考察在参与型企业社会责任中，消费者对企业社会责任的动机归因通过参与意愿这一外在行为表现影响品牌资产的过程。此章内容结构与第四章较为类似，同样包括回顾现有研究、提出研究假设、进行数据分析、展示实证研究结果以及对此章内容进行小结等。

　　第六章主要对研究结论进行总结并指出该结论对企业履行参与型企业社会责任的启示，以及提升参与型企业社会责任有效性的可行建议。在分析可能存在的研究局限的基础上，提出未来研究可以尝试的改进方法与方向，为进一步推动相关研究提供一定的参考与借鉴。

第二章 企业社会责任相关理论与文献综述

本章首先界定了企业社会责任的概念和内涵,并对企业社会责任的维度和测量方法等进行回顾。然后围绕所研究的问题对企业社会责任、价值理论、归因理论以及自我建构理论进行回顾与梳理,厘清相关理论的发展脉络,发现已有研究的欠缺和不足,从而明确本书的切入点,为进一步梳理参与型企业社会责任奠定基础。

第一节 企业社会责任基本内容

一、概念及内涵

1953 年,Bowen 在《商人的社会责任》一书中,首次明确提出企业社会责任的概念,认为社会责任就是根据社会目标和价值观作出决策并开展经营活动。之后,McGuire(1963)首次将企业社会责任进行了理论分类。他从社会义务的角度解释了企业社会责任,认为企业不仅需要承担经济责任和法律责任,还需要承担社会责任,而社会责任包括对政治、教育、社区乃至整个社会的利益和福祉的关注。

进入 20 世纪 70 年代后,企业社会责任的概念得到了更加明确和具体的定义。其中,最有代表性的是管理学者 Carroll 的相关研究成果。Carroll(1979)提出了著名的企业社会责任四因素概念,即将企业社会责任定义为企业需要承担经济、法律、伦理、慈善四个方面的责任,并在 1991 年将四因素概念演化为企业社会责任"金字塔"模型。他指出,企业需要承担创造经济利润的经济责任、遵守法律法规的法律责任、履行约定俗成的与道德伦理行为相关的伦理责任和履行超越伦理道德完全出于自愿行善目的的慈善责任。

此后,企业社会责任的概念较少得到大的突破,大多学者只是在修正或综合既有定义的基础上使用这个概念。比如,Matten 和 Crane(2005)主张,企业应该超越在社会中忠实履行自身职责与义务的企业公民的水平,努力解决目前政府无法解决的社会问题。而随着企业社会责任受到不同领域的关注,企业社会责任的概念也开始具备跨学科的特性。比如,市场营销学者 Bhattacharya 和 Sen(2004)从利益相关者义务的角度解释了企业社会责任。他们认为,企业不能只考虑股东和企业自身的利益,还应兼顾社区和国家等多种利益相关者的利益。

事实上,Carroll(1979)在提出企业社会责任四因素模型的基础上,还提出了综合企业社会责任、社会问题、对社会问题的反应方式的企业社会绩效模型。该模型以企业社会责任四因素概念为基础,展示了企业对各种社会问题的应对方式。具体而言,企业社会责任四因素概念由经济、法律、伦理和自由裁量(慈善)责任构成,社会热点问题包括消费至上、环境问题、歧视性待遇、产品安全、职业安全、股东①等。对社会热点问题的应对方法以回应的积极程度分为反应性(reaction)、防御性(defense)、适应性(accommodation)、主动回应性(proaction)四类。

Carroll(1979)的社会绩效模型(图 2.1)表明,企业的社会责任活动与其经济绩效紧密相连。因此,企业社会责任不再只是指单纯地为社会或为利益相关者服务的一种道德义务。Carroll 和 Buchholtz(2000)提出了企业通过战略性地履行社会责任能为企业自身以及社会带来有益影响的战略性视角。

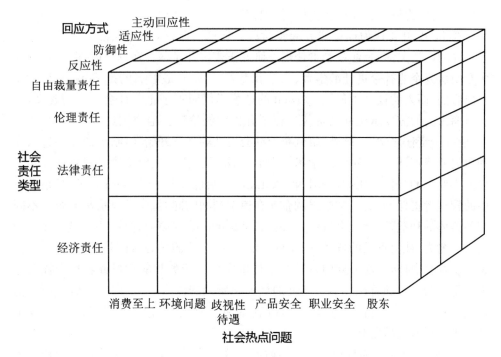

图 2.1　社会绩效模型

---

① 在 Carroll 和 Buchholtz(2000)的著作《商业与社会:伦理与利益相关者管理》(*Business and Society: Ethics and Stakeholder Management*)中,将社会焦点问题中的"股东"概念扩展为"利益相关者"。

二、发展历程

19世纪末至20世纪初为萌芽阶段。在这一阶段,开始出现探讨企业社会责任的文献和书籍,并且学者们较为认可企业对社会负有责任的观点。比如,1899年,安德鲁·卡内基在其所著的《财富福音》中提出,企业有义务为除了股东之外的整个社会谋利;1905年,约翰·戴维斯出版《公司》一书,认为公司由社会所创造,因此应该对这个社会负有相应的责任(唐更华,2008)。

20世纪30年代和40年代为讨论阶段。学者们针对企业是否应该承担社会责任进行了激烈的讨论,推进了人们对企业应该履行社会责任观点的认可。其中,代表性事件是"伯利(Berle)-多德(Dodd)论战"。Berle公开支持股权至上这一传统经济观点,而这遭到了Dodd的激烈反对(唐更华,2008)。这一论战持续多年,最终双方都向对方的观点进行了一定程度的转换。这场论战突出了企业履行社会责任的必要性,为后续企业社会责任研究的发展奠定了基础。

20世纪50年代为理论研究起步阶段。在这一阶段,企业社会责任研究引起了学界的广泛关注,企业社会责任理论研究正式拉开序幕。在这一时期,涌现了许多专门研究企业社会责任的学者、文章和专著。其中,最著名的是Bowen于1953年出版的《商人的社会责任》。Bowen的论著不仅明晰了企业社会责任的含义,而且对商人为何需要承担社会责任进行了开创性的论述。他也因此被Carroll誉为"企业社会责任之父"。此外,研究企业社会责任的文章开始在《哈佛商业评论》《加利福尼亚管理评论》等重要的学术期刊上刊载,研究内容主要集中于对企业社会责任的必要性的分析。比如,1951年,Abram在《哈佛商业评论》中发表了《复杂环境中的管理者责任》一文。文中强调企业在追求利润的同时,应该设法平衡企业不同利益群体的利益,履行社会责任。又如,1958年,《哈佛商业评论》中刊载了Levitt所写的名为《社会责任的危害》的文章。他认为,企业的核心目标是创造利润,而不是承担社会责任,即使需要履行社会责任也应该基于盈利的动机或者迫于社会压力不得不为之。随着该领域关注度的增加和研究的深入,一系列专门研究商业伦理问题和企业社会责任的学术期刊,包括《商业与社会》《商业伦理学杂志》《商业伦理学季刊》等,先后创刊。

20世纪60年代为理论研究发展阶段。这一阶段主要围绕企业社会责任的定义和承担必要性这两点展开研究。对于企业社会责任定义的研究,除了前文涉及的McGuire(1963),其他知名学者也纷纷在20世纪60年代对企业社会责任的本质进行了探讨。比如,Frederick指出,企业社会责任的承担,增加了总体的社会经济福利。Davis(1960)则认为企业社会责任超越了为社会提供经济方面或者技术方面利益的范畴,并据此提出"责任铁律"。他强调企业应该承担社会责任以实现可持续发展,如果逃避社会责任,其结果必将是难以生存与发展。另外,Walton

(1967)主要从企业社会责任的强制性出发,强调了企业承担社会责任的自愿性。尽管对企业社会责任概念的界定还较为模糊,但百家争鸣的理论研究现状,使企业社会责任研究开始步入快速发展阶段。

20世纪70年代为理论研究深入与实证研究兴起阶段。理论研究的深入主要体现在有关机构和学者运用层次分维思想明确了企业社会责任的内涵和内容。比如,1971年,美国经济发展委员会(Committee for Economic Development,CED)提出"同心圆"模型,使用三个层级的同心圆来说明企业履行社会责任时所包含的多种社会责任类别。同年,Steiner(1971)将企业分成大企业和小企业两个层级,并认为企业规模越大承担的社会责任越多。之后,Carroll(1979)作为企业社会责任概念的集大成者,提出了四因素概念(前文已提及,此处不再赘述)。随着企业社会责任内容的明晰化,可操作性和实践性增强,企业社会责任实证研究开始兴起。此阶段的实证研究主要集中于企业承担社会责任与其财务绩效的关系。研究结论分成三类:正相关、负相关和不相关。大多数学者发现了企业社会责任与财务绩效的正相关关系,如Sturdivant和Ginter(1977)等。Vance是负相关关系研究的代表人物,而Abbot和Monsen是企业社会责任与财务绩效不相关关系的代表学者。

20世纪80年代为理论研究、实证研究和策略研究等多元化发展阶段。在理论研究层面,学者们对企业社会责任概念辨析研究的热度减退,取而代之的是对相似主题和概念的探索逐渐增加,主要包括企业社会响应、股东价值理论、企业社会绩效、企业公民等。比如,Wartick和Cochran(1985)从企业社会绩效的角度进行了分析和探索,他们认为应该从原则、过程和政策三个层面对企业社会责任、企业响应和企业社会问题进行管理。在实证研究层面,学者们延续了20世纪70年代企业社会责任对财务绩效的影响研究,并且研究结论也类似,但仍然是多数学者发现了正相关关系,代表学者有Johnson和Greening(1999)等;少数学者发现了负相关关系,如McGuine、Sundgren和Schneeweis(1988);部分学者发现了不相关关系,如Aupperle、Carroll和Hatfield(1985)等。这一阶段,另一显著特点是出现了围绕企业怎样才能有效履行社会责任的策略性研究。Drucker(1984)认为企业社会责任与企业的商业目标能够有机结合、相互兼容。之后,Hunt(1986)将与企业商业目标兼容的企业社会责任称为"策略性企业慈善(strategic corporate philanthropy)"。继而引发了善因营销(cause-related marketing)的产生与发展,其代表学者是Varadarajan和Menon(1988)。

20世纪90年代为多理论融合发展阶段。这一阶段的主要特点是利益相关者理论与企业社会责任理论之间的深入融合发展。事实上,从20世纪70年代开始,利益相关者这一概念就开始初步引入企业社会责任研究。学者们开始认同企业不仅仅是对股东负责(经济责任),还应该为员工、消费者、供应商和社区等多种利益相关者负责。20世纪80年代,利益相关者理论为企业提供了更为明确和具体的履责对象,有效助推了企业社会责任策略性研究。因为从利益相关者的分析框架来看,企业的履责对象和履责领域就是与企业直接或间接相关的多种利益相关者。直接利益相关者主要包括股东、债权人、员工、供货商、消费者、竞争企业等;间接利益相关者主要有政府、媒体、社会活动团体、公众等。20世纪90年代,利益相关者理论除了被用来为社会责任的履责对象提供方向之外,还被用来解释企业承担社会责任的必要性。其研究视角主要有两类:策略性和规范性。策略性视角主要以Jones(1995)等学者为代表,他们认为企业主动关注各种利益相关者,特别是非股东利益相关者的利益,有助于企业实现其商业目标。规范性视角主要以Berman(1999)等学者为代表,他们认为关注非股东利益相关者的利益,对于企业而言是一种义不容辞的道德责任。

21世纪至今为系统全面发展阶段。这一阶段的主要特点在于学者们对企业社会责任的实质、理论框架、驱动因素、作用机制和边界条件等均进行了深入的探索和讨论。比如,在驱动因素方面,Schwartz和Carroll(2003)认为企业社会责任的驱动因素主要有经济动力、制度动力和道德动力三个方面,并据此提出了三动力模型。其他学者则通常将企业社会责任的驱动因素按照企业内部和外部两个方面进行区分并有重点地加以研究。内部因素主要有企业家精神和企业文化等;外部因素主要有政府管制、社会压力(消费者等)、全球化等。又如,在企业社会责任的作用机制方面,不少学者从企业声誉、品牌资产、消费者支持、个人-组织关系、社会成果等不同的角度,分析了企业社会责任对企业自身及整个社会的有效性机制(Bhattachary et al.,2004;Kim,2019)。

第二节　企业社会责任研究的理论基础

一、社会契约理论

社会契约理论是17世纪以来极具影响力的一种社会理论。现代企业理论认为,企业是内化的市场交易。交易是通过各种正式或非正式的契约来进行的,因此企业的本质是一种内化的契约关系。企业的契约主体主要是投入各种生产要素的利益相关者。比如,员工投入人力,股东和债权人投入货币资金,供应商提供原材料,消费者购买和消费企业产品或服务,社区和政府为企业提供基本的生产经营条件和环境。据此,Coase提出企业是由一系列契约组成的有机体,其通过与利益相关者建立契约关系以共同创造利益。在社会契约理论的框架下,确保各契约主体之间长久合作的前提是公平合理的权益分配。在这个框架下,企业必须按照契约来处理与各方之间的关系,企业社会责任就具化为企业与利益相关者之间的社会契约关系。企业除了需要履行对股东、债权人等的经济契约,还必须关注与其他利益相关者的社会契约的履行。

1982年，Donaldson首次将社会契约理论应用于企业社会责任研究，认为企业应该在追求经济利益的同时关注并履行社会责任。企业应该积极参与社会事务，并且应该与利益相关者建立互惠互利的关系，为社会创造价值与福利。根据契约主体的不同，可以将企业社会契约分成内部契约和外部契约两种。其中，企业内部社会契约是企业与员工之间的契约。员工要遵守企业的规定和制度，为企业的利益和发展努力工作，而企业要为员工提供合理的薪酬、良好的福利和广阔的职业发展前景等。企业外部社会契约是企业与社会之间的契约，即企业在社会经济活动中应该遵守道德、法律和社会规范，保护消费者权益、爱护大自然、提高社会福利等。企业内部社会契约的遵守是企业内部稳定和员工满意的基础，在提高员工的归属感和工作积极性的同时有利于企业的长期发展；企业外部社会契约的履行是提升企业社会形象和品牌信誉的基础，同时有助于增强企业的市场竞争力。

1994年，Donaldson和Dunfee提出综合社会契约理论，并将其分类为宏观社会契约和微观社会契约两种。综合社会契约理论认为企业在进行经营和管理决策时应该同时遵循全球的和本地的社会契约。企业需要将它们与其经济利益相结合，从而实现获取经济利益和承担社会责任间的平衡。社会契约理论论证了企业承担社会责任的合理性与必要性，并且点明了企业社会责任的实质。越来越多的学者通过社会契约理论来探索企业社会责任。例如，李淑英梳理了国内外的契约理论后发现，契约关系存在于企业的各个经济环节，并且这些契约关系都在一定程度上受到社会关系的影响。

二、利益相关者理论

利益相关者理论是企业社会责任研究的重要理论视角，受到了学者们的广泛关注。1963年，斯坦福研究所(Standford Research Institute, SRI)首次明确界定了"利益相关者"概念，认为"利益相关者是除股东以外的一些团体，没有其支持，组织就不可能生存"。1971年，Jonhnson初步利用利益相关者思想对企业社会责任加以界定，形成了利益相关者理论的雏形。1984年，Freeman出版了《战略管理：一种利益相关者方法》一书，书中对利益相关者的概念进行了正式的界定，对利益相关者理论进行了具体的解释说明。Freeman的利益相关者理论得到大多数学者的认同。至此，利益相关者理论正式产生，利益相关者研究也得到了极大的发展。Freeman的利益相关者理论的核心内容如下：利益相关者是能够影响组织目标实现或在组织实现目标的过程中受到影响的个人、团体或组织，包括股东、员工、消费者、供应商、社会和政府。一方面，企业的行为会对这些利益相关者产生影响，但影响程度不同，因此企业需要对不同的利益相关者承担不同的责任。另一方面，企业的发展经营离不开各利益相关者的投入与参与，企业应该追求整体利益而不是坚持股东至上的原则。因此,企业应该综合考虑各利益相关方的合法诉求与权益,以实现企业的可持续发展和提高社会整体福利。

1991年,Wood首次将利益相关者理论正式引入企业社会责任研究。他在构建企业社会绩效模型时,将利益相关者作为企业社会绩效的过程维度之一,使其与环境评估、问题管理并列为模型中的三大支柱。1995年,Clarkson在Wood的基础上更进一步,基于利益相关者的框架对企业社会责任进行深入探讨,并据此衡量企业社会绩效。Clarkson从利益相关者的视角强调,企业除了要对股东利益负责之外,还要对员工、顾客、供应商、政府以及社会等其他利益相关者负责。同年,Donaldson和Preston将利益相关者理论分为描述性、规范性和工具性三个层面,有效促进了利益相关者理论在企业社会责任领域的进一步扩散与应用。其主要内容如下:描述性层面主要借助利益相关者理论来回答谁是企业的利益相关者,并描述和解释企业的特征和行为。此时,利益相关者理论只是单纯用作描述企业利益相关者的框架和方法,没有对错和好坏之分。规范性层面集中在利益相关者理论的规范性来论证其合理性。其核心观点是企业的行为和表现需要符合道德规范,并为所有利益相关者创造价值,这是除盈利之外的关乎企业生存和发展的根本性要求。工具性层面是指将利益相关者理论作为实现企业经营目标的一种策略。其主要通过分析利益相关者管理对企业传统商业目标(通常以利润率、增长率等企业财务指标进行衡量)实现的促进作用,从而说明利益相关者理论的战略性作用。同时,工具性层面还侧重于探讨企业进行利益相关者管理的常见策略与方法。可见,利益相关者理论不仅明确了企业应该承担社会责任的对象,而且为企业社会责任研究提供了理论框架和方法指导。

事实上,20世纪80年代初以来,学者们对利益相关者理论的关注点逐渐转向对利益相关者的类别及策略的探讨。首先,Freeman将利益相关者划分为所有权利益相关者、经济依赖型利益相关者、社会利益相关者三类。1988年,Frederick按照相关群体是否与企业直接发生市场交易关系,将利益相关者分为直接利益相关者(包括股东、供应商、员工、债权人、消费者、竞争者等)和间接利益相关者(包括政府、社会公众和媒体等)。1991年,Savage等学者认为相关群体对企业潜在的威胁性和合作意愿是区分利益相关者的基本依据,并据此将利益相关者划分为四类:支持型利益相关者(低威胁、高合作)、边缘型利益相关者(低威胁、低合作)、非支持型利益相关者(高威胁、低合作)、混合型利益相关者(高威胁、高合作)。1994年,Clarkson根据相关群体在企业经营活动中所要承担的风险类别,将利益相关者划分为自愿的利益相关者和非自愿的利益相关者。1995年,Clarkson根据相关群体与企业联系的紧密性,将利益相关者区分为首要利益相关者和次要利益相关者,并认为相对于次要利益相关者,企业需要优先关注和满足首要利益相关者的权力和利益。1997年,Mitchell和Wood根据合法性、权力性和紧急性,将利益相关者分为确定型、预期型和潜在型三种类别,并强调企业对这三种类别的利益相关者的关注程度依次递减,即确定型利益相关者的受关注程度应该最高,其次是预期型利益相关者,而潜在型利益相关者可以暂时被企业忽略。尽管不同的学者对利益相关者的类别有不同的观点,但无疑这些分类为后续企业社会责任的研究奠定了坚实的基础。

第三节 企业社会责任的维度及测量

一、企业社会责任的维度

在企业社会责任研究中,学者们对企业社会责任的维度及具体内容有着不同的观点和看法。本节将对其中具有代表性的企业社会责任维度模型进行介绍,包括"同心圆"模型、"金字塔"模型、"三重底线"模型、"维恩图"模型和"3+2"模型等。

(一)"同心圆"模型

1971年,美国经济发展委员会在《工商企业的社会责任》报告中使用三个同心圆说明企业社会责任,称之为"同心圆"模型。该模型将企业社会责任的内容分成内层圆、中层圆和外层圆三个不同的层次。内层圆责任是企业最基本的责任,指的是企业需要有效执行经济职能的责任,主要包括为社会提供需要的产品、为员工提供就业岗位和促进经济增长等内容。中层圆责任是企业在内层圆责任的基础上关注社会主流价值观和民意的变动,进而满足社会期望的责任,主要包括合理对待员工、满足消费者需求、保护环境、注重公平竞争等内容。外层圆责任是企业需要积极主动承担潜在的、与社会进步密切相关的其他无形的责任,主要包括解决社会贫困(如乡村振兴)、参与社区建设等有助于改善社会环境的活动。

(二)"金字塔"模型

1991年,Carroll在1979年的企业社会责任四因素学说的基础上提出"金字塔"模型,认为企业承担的社会责任包括经济责任、法律责任、道德责任和慈善责任四种类别。其具体内容如下:经济责任是企业通过向社会提供产品或服务等方式获取利润的责任,它是企业作为社会经济单位获得生存与发展的根本,既是企业最基本的责任,也是履行企业其他责任的基础,位于金字塔的底部。法律责任指的是企业在进行经济活动时需要遵守法律法规等规章制度,具有强制性,在金字塔中位于经济责任的上方。道德责任要求企业公平、正确、正义地进行生产经营活动,即企业行为和活动需符合社会准则、规范和价值观,在金字塔中位于法律责任上方。道德责任虽不具有强制性,但需要企业符合社会大众的期望,如无差别地雇佣和对待残疾员工。位于金字塔顶端的是慈善责任,它指的是企业主动承担、自发开展慈善公益活动,包括改善社会环境和福利的一些社会性支持活动。

(三)"三重底线"模型

1997年,Elkington提出"三重底线"模型。这一模型认为企业主要承担经济责任、社会责任和环境责任。其中,经济责任是传统股东观主导下的责任类别,主要包括通过生产经营获得利益、依法纳税以及向股东分红等内容。社会责任主要指的是对除股东之外的其他利益相关者的责任和义务。环境责任主要指的是保护生态、爱护大自然等环境保护相关责任。此外,"三重底线"的满足还包括一系列的价值观、问题和过程,企业需要考虑各利益相关者乃至社会的整体期望,控制经营活动对社会和环境可能产生的不良影响,追求经济、社会和环境三者之间的平衡。

(四)"维恩图"模型

2003年,Schwartz和Carroll在"金字塔"模型的基础上提出企业应该承担经济、法律和道德三个领域责任的观点。因其采用维恩图解的形式对企业社会责任的内容进行了具体的解释说明,故被称为"维恩图"模型。

经济领域责任指企业需要承担那些对自身有直接或间接经济影响的活动的责任。法律领域责任指企业对反映政府意愿的法律法规等规章制度的响应的责任,主要包括顺从、避免民事诉讼和法律预期等内容。道德领域责任指一般公众及利益相关者期望企业履行的道德相关责任,主要包含三种普遍的道德标准:惯例型、后果型和存在论型。Schwartz和Carroll强调,这三个领域中没有一个领域是相对其他两个领域来说更重要的,且在企业的实际经营过程中,很少有活动只涉及其中一个领域,更多的是同时涉及两个或三个领域。

(五)"3+2"模型

2007年,Jamali在分析企业社会责任"维恩图"模型局限性的基础上提出了"3+2"模型。这一模型认为企业社会责任包括强制性的责任和非强制性、自愿性的责任两大类别。强制性的责任主要包括三种:经济责任、法律责任和道德责任。自愿性的责任则包括两种:自由决定的策略性责任和自由决定的慈善性责任。该模型的突出贡献是将企业自由决定的慈善责任一分为二,为企业社会责任的战略性作用提供了依据和框架。

二、企业社会责任的测量

(一)内容分析法

1973年,Beresford通过内容分析法对企业社会责任进行了测量和评定,之后被众多学者采纳,代表学者有 Boweman、Haire、Preston、李正、刘东荣、沈洪涛等。内容分析法主要依据企业披露的社会责任信息对其履责情况和表现进行评估。该方法的具体操作是:首先通过对企业公开披露的年报、社会责任报告等内容中有关企业社会责任的信息进行归类和整理,然后选取某些既定的指标,如为企业社会责任活动投入的经费、公开披露内容中与企业社会责任相关信息的数量等,通过企业在该指标上的得分情况来分析企业社会责任的表现。内容分析法属于象征性研究方法,其优点在于程序客观、操作简单、可重复性强以及能够灵活选择指标。该方法的缺点是分析过程中研究者的主观性较强,且信息的筛选成本较大。此外,企业披露的社会责任信息与其实际履行可能存在言行不一的情况,因此降低了研究结论的可靠性。

(二) 声誉指数法

声誉指数法是通过专家学者对企业社会责任履行情况的评分和判断来衡量企业社会责任的方法。早期的声誉指数法较为依赖专家学者等的主观判断。随着声誉指数法的发展,出现了声誉评级法——由企业外部的高管、董事和分析师等根据企业声誉评价体系和相应的指标对特定企业的声誉进行评级。相对于早期的声誉指数法而言,这一评级方法较为客观和公正。声誉评级法所采用的指标包括财务指标(如财务稳健、资产使用和管理质量等)和企业社会责任指标(如产品和服务质量、创新、社区和环境责任等)两种类别。声誉指数法的优点是由行业专家、学者或专业评估机构根据统一的评价标准对多家企业进行评价,内部一致性较强,并且可以体现评价主体在不同企业间的感知差异性。该方法的缺点是不同评价者的评价结果各不相同,且由于评价者的认知能力的局限,通常只能对他们熟悉的少数企业进行评价,因此覆盖范围有限。

(三) 单维测量法——慷慨指数法、污染指数法

20 世纪 80 年代末,美国公共管理协会发布慷慨指数法,这与企业的慈善捐赠紧密相关,如慈善捐赠、公共卫生和政治方面的慈善活动等,因此该方法又被称为慈善法。使用该方法时需先对企业的慈善捐赠金额、捐赠金额占税前利润的百分比等情况进行统计,之后再将个别企业的得分与样本均值进行比较,进而获取各企业的社会责任等级情况。

1995 年,Brown 和 Fryxell 首次在企业社会责任研究中使用了污染指数法。该方法通常采用政府或第三方机构制定的指标来评价企业的污染程度,包括企业在污染控制方面的投资、对于全球环境标准的采用和生态控制的情况,以及回收与产生有毒废物的比例等。其中,有毒物体排放量(toxics release inventory,TRI)是使用最广泛的污染指标。

单维测量法最大的优点是数据客观且易得,并且结论可靠性较高。其缺点是

基于单一的污染指标或慈善指标维度来评价企业的社会责任活动,难以全面反映企业社会责任的履行情况。因此,单维测量法的全面性和可推广性较差。

(四) 专业机构数据库法

专业机构数据库法指的是专业机构根据构建的企业社会责任综合评价体系对企业行为进行量化,进而形成关于企业社会责任履行情况的数据库。1990 年,美国的 Kinder、Lydenberg 及 Domini & Co. Inc(三者合称为 KLD)推出的 KLD 指数是目前使用最广泛的企业社会责任评级体系。KLD 指数又称多米尼 400 社会指数,主要通过利益相关者和社会焦点两个维度来判断企业履行社会责任的等级。利益相关者维度主要包括五个具体指标:社区发展、员工关系、环境保护、产品特征以及员工多样化。社会焦点维度主要包括三个具体指标:军火、原子能业务和南非业务。随着企业社会责任研究的深入和相关政策的陆续出台,我国的专业机构也开始创立本土化的企业社会责任数据库,主要包括和讯网的上市公司社会责任报告专业评级数据库、润灵环球的上市公司企业社会责任报告评级数据库、国泰安的中国上市公司社会责任研究数据库等。

专业机构数据库法通常需要评价机构花费高昂的成本建立并维护数据库,同时要求评价机构具备一定的权威性,在评价过程中能做到公正、公开、透明。因此,该方法的优点非常明显。首先,专业数据库的企业样本多,因此覆盖面广、扩展性强。其次,在评估企业履责情况的过程中,评价者必须是独立的第三方,并且需要大量的专业人员进行大范围的调查研究,因此评价的独立性较强、评价内容全面、信息来源广泛。最后,专业机构数据库法在测量工具上需保持统一性,增加了企业社会责任评估的准确性和可靠性。

(五) 问卷调查法

问卷调查法是通过统计被调查者对问卷的回答来分析和评价企业在社会责任方面的履责情况。具体做法是:先制定企业社会责任相关维度量表,以可操作的测量题目将企业社会责任进行指标化和量化,之后通过问卷的形式来收集数据和信息。具有代表性的企业社会责任量表有企业社会责任导向量表、RDAP 量表、企业公民测量工具(Maignan et al.,1999)和 PRESOR 量表等。问卷调查法的优点是成本低、操作简便,并且可以根据研究内容设计问卷,针对性强。但是,该方法的缺点在于主观性较强,并且被调查者大多为企业内部员工,可能会夸大企业社会责任的表现,进而影响研究结果的准确性。

第四节 企业社会责任文献综述

Aguinis 和 Glavas（2012）提出的理论框架为整理现有企业社会责任研究提供了清晰的脉络。下文将基于制度、组织和个体三个层面梳理现有的企业社会责任文献。

一、制度层面

Scott 在 1995 年提出了制度的三大支柱：规范、文化认知和规制。规制主要关注政府、法律法规、行业标准等，规范和文化认知则主要关注由社会、公众等企业外部利益相关者共同塑造和自发遵守的社会规范等内容。因此，如果一篇关于企业社会责任的文章涉及这些元素，则可以将其归类为制度层面分析。换言之，制度层面主要关注政府、法律和社会规范对企业的道德责任要求以及企业如何响应这些要求。

（一）驱动因素

大量研究发现，企业履行社会责任主要受到制度和利益相关者的压力、规范和法规、第三方评估、国家治理结构和文化背景等因素的影响。尤其是来自利益相关者的制度压力，极大地推动了企业履行社会责任（Stevens et al.，2005）。不同的利益相关者对企业社会责任有着不同的期望，并且在推动企业履行社会责任的过程中扮演着不同角色，如股东（David et al.，2007）、消费者（Christmann et al.，2006；Sen et al.，2001）、媒体（Weaver et al.，1999a，1999b）、当地社区（Marquis et al.，2007）以及利益集团（Greening et al.，1994）等。Aguilera、Rupp 和 Williams 等（2007）梳理了利益相关者向企业施加压力以履行企业社会责任的三个主要原因：一是工具性（即基于对自我利益的关注），二是关系性（即基于对群体成员之间关系的关注），三是道德性（即基于对道德标准和道德原则的关注）。

研究发现，利益相关者通过多种方式有效推动了企业社会责任的履行。例如，消费者主要通过评价和购买产品（Sen et al.，2001）及监控和制裁（Christmann et al.，2006）等方式来施加影响力。又如，利益集团可以通过公开发表声明等方式增加影响力。正如 Greening 和 Gray（1994）所发现的那样，这些公开声明会使企业改变政策，使其更加关注社会问题。简而言之，利益相关者通过对企业潜在收入、资源分配和企业声誉产生影响来施加压力。

除了利益相关者的压力，规范和法规（Christmann et al.，2006）、第三方评估

(Chatterji et al.,2010)、国家治理结构和文化背景(Victor et al.,1988)也积极推动着企业履行社会责任。例如,Rupp、Williams 和 Aguilera(2011)指出,社会期望是决定企业是否采取企业社会责任行动的一个重要因素。同时,Wagner 也强调了法律法规对企业社会责任的影响。值得注意的是,并不是所有这些宏观因素都会对企业社会责任行为和政策产生正向的积极影响。例如,Tenbrunsel 研究发现,企业社会责任相关标准认证的推行反而可能会降低实质性的社会责任行为,因为管理层可能主要关注符合相关要求的象征性责任活动。这意味着,尽管企业可能会采取一些表面上看起来很有社会责任感的行为,但实际上这些行为并不能真正解决社会问题或改善环境状况。

（二）作用及影响

企业社会责任的履行在制度层面产生的作用和影响较为一致,主要表现为企业声誉的提高(Turban et al.,1997)。此外,研究发现,企业社会责任的履行使得消费者对企业的评价更加积极(Brown et al.,1997;Ellen et al.,2000;Sen et al.,2001),并且更倾向于购买该企业的产品和服务(Sen et al.,2001)。这种积极效应还体现为消费者忠诚度的增加(Maignan et al.,1999)。

（三）中介变量

部分学者试图分析在企业社会责任与其实施结果之间可能存在的关键中介变量。Orlitzky、Schmidt 和 Rynes(2003)发现,企业社会责任通过提高企业声誉和利益相关者的好感度,从而提高企业财务绩效。企业与消费者之间的关系也被证实是连接企业社会责任与结果变量之间的重要中介,包括客户满意度(Luo et al.,2006)、消费者-企业契合度(Sen et al.,2001)、消费者信任(Vlachos et al.,2009)等。总体而言,在企业社会责任制度层面,关注中介变量的研究较为缺乏,很少有学者关注企业社会责任驱动因素和实施结果之间的潜在机制。

（四）调节变量

在制度层面的分析中,企业社会责任与结果之间的关系主要受利益相关者、企业环境和行业等变量的调节。关于利益相关者,David、Bloom 和 Hillman(2007)发现,随着利益相关者的显著性不断增加,即那些具有权力、合法性和紧迫性的利益相关者,企业社会责任与结果(如企业声誉等)之间的关系更加紧密。关于企业环境,Chatterji 和 Toffel(2010)发现,监管的加强可以增强企业社会责任与结果的关系。关于行业,Chiu 和 Sharfman(2011)发现,在利益相关者更可见的行业中,企业社会责任与结果之间的关系更为紧密,而 Russo 和 Fouts(1997)则发现,行业的增加可以增强企业社会责任与结果的关系。

(五) 小结

有关制度层面企业社会责任的研究总体呈现以下几个特征:第一,利益相关者的行动和影响力是预测企业履行社会责任以及追求何种类型的社会责任活动的重要因素。第二,制度力量(如监管、标准和认证)也会影响企业的社会责任行为。第三,制度力量常常导致象征性的而不是真正的企业社会责任行为和政策,企业可能表面上参与社会责任活动,但实际上只是为了满足利益相关者的要求或达到最低标准。第四,企业社会责任的履行可能会提高企业声誉,增强客户忠诚度,提高产品评价与购买率。第五,关于调节效应,企业社会责任与结果之间的关系取决于几个制度级别的变量。例如,当利益相关者拥有更多权力和合法性以及监管增加时,企业社会责任与结果的关系会更强。第六,制度层面的文献较少关注企业社会责任的潜在机制或中介变量。

二、组织层面

以往发表的企业社会责任文献大多集中在组织层面(Aguinis et al.,2012)。与制度层面的研究类似,组织层面的研究同样包括对企业社会责任驱动因素、企业社会责任履行产生的作用与影响、潜在的内在机制和可能存在的调节效应等的研究。

(一) 驱动因素

企业社会责任组织层面的驱动因素主要包括三个方面:工具性动机、规范性原因以及企业特定变量。工具性动机指的是企业认为履行社会责任能够提高竞争力并增强合法性,出于此动机的企业会将履行社会责任视为一项有利于业务发展的商业策略(Bansal et al.,2000;Sharma,2000)。规范性原因则包括责任感、道德义务感和守护者意识等,基于该动机的企业认为履行社会责任是应尽的道德义务(Aguilera et al.,2007;Bansal et al.,2000;Davis et al.,1997)。

企业特定变量也被证实是企业社会责任的重要驱动因素,主要包括企业使命和价值观、股东和/或所有权、企业组织架构等内容。研究发现,企业使命(Marcus et al.,2006)、价值观(Maignan et al.,1999)、与社会责任活动的一致性(Bansal,2003)是驱动企业履行社会责任的重要影响因素。而长期机构所有权(Neubaum et al.,2006)、共同基金的社会筛选(Barnett et al.,2006)、高管股权(Johnson et al.,1999)也被证实对企业社会责任产生积极影响。就组织架构而言,开放型企业结构(外部董事的配备)能够更好地与社会建立关系,使企业超越传统股东利益最大化的狭隘视角并促使其积极参与或履行社会责任(Johnson et al.,1999)。此外,国际多样化投资(Strike et al.,2006)、首席执行官的薪酬结构(Deckop et al.,

2006)、企业组织形式(Victor et al.,1988)、寻求技术支持的能力(Marcus et al.,2006)等也均被发现是企业社会责任的驱动因素。

(二) 作用及影响

在企业社会责任组织层面的研究中,最常见的是研究企业社会责任对企业财务表现的影响,包括股本回报率、资产回报率、销售收入、股票价值等(Barnett et al.,2006;Luo et al.,2006;Maignan et al.,1999;McGuire et al.,1988;Orlitzky et al.,2003;Waddock et al.,1997)。Peloza(2009)回顾了128项探讨企业社会责任与财务绩效之间关系的研究,并报告称59%的研究发现了积极的关系,27%的研究发现了混合或中立的关系,14%的研究发现了消极的关系。研究结果的不一致可能部分源于抽样误差的存在(Aguinis et al.,2012),元分析通常能够较好地避免抽样误差带来的结果偏差。Orlitzky、Schmidt 和 Rynes(2003)对52项研究进行了元分析,发现企业社会责任与财务绩效之间存在正向关系,尤其是在将声誉作为企业社会/环境责任代理的情况下。并且他们通过分析后证实,抽样和测量误差能够引发部分研究结果的不一致。

此外,以往的研究文献在定义企业社会责任方面存在着重要差异。Peloza(2009)发现,在研究企业社会责任与财务绩效间关系的文献中,有36种不同的指标用于评估企业社会责任,有39种不同的措施用于评估财务绩效。不同的定义适配不同的测量指标和措施。企业社会责任及财务绩效的这种语义差异通过不同的测量指标进一步转化为更深层次的内在结构差异。而这种语义和结构差异会在以研究文献为分析对象的元分析中带来二次影响。比如,Margolis 的元分析依赖于166项研究中的192个效应,而 Orlitzky、Schmidt 和 Rynes(2003)的元分析依赖于52项研究中的388个效应。鉴于这些研究的元分析是非重叠样本效应的集合,且初级研究中企业社会责任的定义和测量方式存在差异,也就不难理解以往研究结果的不一致了。

另外,一些研究探索了企业社会责任与营销成效之间的关系,如提高竞争优势、提高企业和品牌声誉、降低企业风险等(Greening et al.,2000;McGuire et al.,1988)。还有一些研究发现,随着企业社会责任行动和政策的实施,企业能力得到了增强,包括改善管理实践(Waddock et al.,1997)、提高运营效率(Sharma et al.,1998)、创新企业产品和流程(Carroll et al.,2000)、提高产品质量(Johnson et al.,1999),以及改善对管理质量的感知等。此外,研究还发现,企业社会责任履行提高了企业的道德资本、降低了可预见的监管成本、吸引机构投资者、获得社区支持、促进人口多样性,特别是在妇女和少数民族方面(Godfrey,2005;Graves et al.,1994;Johnson et al.,1999)。

(三) 中介变量

在组织层面讨论企业社会责任中介效应的研究较少。正如 Aguinis 和 Glavas

(2012)所发现的,只有7%的研究探讨了中介效应。然而,这些研究提供了深入了解企业社会责任如何影响组织绩效的重要信息。例如,Surroca、Tribo 和 Waddock(2010)通过对来自 28 个国家的 599 家企业分析后发现,企业社会责任与财务绩效之间没有直接关系;相反,他们证明了企业社会责任与结果之间的关系完全由企业的无形资源决定。此外,Sharma(2000)发现,当企业管理层将企业社会责任理解为机会时,该认知增强了企业社会责任与结果之间的关系。

(四) 调节变量

学者们研究了多种调节因素,包括财务绩效(Johnson et al.,1999;McGuire et al.,1988;Turban et al.,1997)、闲置资源(Bansal,2003;Graves et al.,1994;Waddock et al.,1997)和较低的债务水平(Graves et al.,1994;Waddock et al.,1997)等。研究表明,当企业拥有更多的可用财务资源时,企业社会责任与结果之间的关系会得到加强。

在组织层面,企业社会责任的可见性(Jiang et al.,2003)和与公众的关系也被视为调节因素(Fry et al.,1982)。例如,Fry、Keim 和 Meiners(1982)发现,随着企业与公众接触程度的提高,企业社会责任与结果之间的关系也会增强。另外,企业规模也常被用作组织层面的调节变量[如 Graves 和 Waddock(1994)、Greening 和 Gray(1994)、Sharma(2000)以及 Waddock 和 Graves(1997)等]。学者们发现,随着企业规模的增加,企业的额外资源和可见性都会加强企业社会责任与结果之间的关系。同样,企业风险(McGuire et al.,1988)、研发投资(Strike et al.,2006)等也作为影响企业社会责任的调节变量加以分析和验证。

(五) 小结

企业履行社会责任主要出于工具性原因,如预期的财务成果;同时也出于规范性原因,即企业的价值观(做正确的事情)。此外,企业社会责任行动和政策与其财务绩效之间存在微弱但积极的关系。尽管关于企业社会责任与财务绩效关系的实际大小尚无定论,但其带来了多种非财务绩效成果,如改善管理实践、提高产品质量和运营效率、增加对投资者的吸引力以及增强人口多样性。然而,当前学界对组织层面的中介变量的关注较少。到目前为止,识别出的潜在机制包括企业的无形资源和企业管理者将企业社会责任视为机会的理解等。在企业可见性高的情况下,企业社会责任对结果的影响会得到加强,并且企业的规模越大,这种影响就越强。

三、个体层面

相较于制度层面和组织层面,个体层面的企业社会责任研究较为有限。基于

Aguinis 和 Glavas（2012）的研究发现，只有 4%关于企业社会责任的文献关注了个体层面。尽管如此，已有的研究揭示了有关企业社会责任的重要问题，表明企业社会责任对于个人同样具有重要意义，也为后续研究奠定了坚实的基础。

（一）驱动因素

企业高管或管理层对企业社会责任的承诺是个体层面重要的驱动因素之一（Greening et al.，1994；Muller et al.，2010；Weaver et al.，1999a，1999b）。例如，Ramus 和 Steger（2000）发现，员工如果从他们的主管那里接收到强烈的鼓励信号，则更有可能产生并实施对自然环境有积极影响的创意想法，即明确的管理承诺有利于刺激员工参与创新的环保活动。与此相对的是，经研究发现，缺乏管理层承诺而仅出于制度力量履行社会责任的企业会开展"脱钩企业社会责任活动"，这些活动被视为与企业核心业务的正常持续经营不相关（Weaver et al.，1999a，1999b）。换言之，当企业的社会责任活动仅受到外部压力而不是内部管理承诺驱动时，它们可能会变得脱离其核心业务活动，导致社会责任活动的效果有限或难以衡量。

在关于企业管理者对企业社会责任承诺的研究中，一些研究者发现其先决条件主要有个人价值、个人价值与组织价值的一致性以及个人对某些特定问题的关注度（Bansal，2003；Bansal et al.，2000）。由此可知，价值在影响个体参与企业社会责任活动中至关重要。其他预测个体参与企业社会责任活动的因素包括企业社会责任的先验知识和能力以及相关的具体活动，比如知晓企业社会责任、接受企业社会责任培训和参加企业社会责任会议（Johnson et al.，1999；Stevens et al.，2005；Weaver et al.，1999a，1999b）等。

在个体层面的研究中，学者们探索了企业社会责任的其他预测因素。例如，Aguilera、Rupp 和 Williams 等（2007）提出了一种概念框架，概述员工的心理需求如何驱动其参与企业社会责任活动。此外，Tuzzolino 和 Armandi（1981）提出，诸如生理、安全、亲社会、尊重和自我实现等发展需求会影响企业社会责任参与度。与之相关的是，Rupp、Williams 和 Aguilera（2011）利用自主性理论来解释在组织决策背景下培养员工的能力、归属感和自主性也可能推动企业社会责任的履行。总之，个体层面的研究表明，员工的心理需求、发展需求以及组织正义观念等因素都可能影响他们履行企业社会责任的程度。

（二）作用及影响

既有研究主要基于员工的角度分析了企业社会责任个体层面的作用及影响。诸多研究发现，为具有社会责任感的企业工作可以提高员工对组织的身份认同感，提高员工的工作积极性，降低离职率，增加员工的企业公民行为，增强员工承诺，提升员工的角色绩效、创造性参与度，改善企业与员工的关系以及增加企业对潜在员工的吸引力(Maignan et al.,1999;Jones,2010;Sully de Luque et al.,2008)。此外，Turban 和 Greening(1997)发现，在这种情形下，企业的社会责任感也增加了。除了分析内在利益相关者（即员工），以往的研究还探索了企业社会责任对于重要的外在利益相关者——消费者的作用和影响。比如，Turban 和 Greening(1997)研究发现，企业社会责任有利于获得消费者的忠诚度。可见，企业社会责任在个体层面的有效性得到了学者们的一致认可与验证。

（三）中介变量

Sully de Luque、Washburn 和 Waldman 等(2008)发现，企业管理者对社会责任价值观的重视与员工对远见卓识领导力的感知相关，而这种认知积极地影响员工在工作中的额外努力，进而促进企业的绩效表现。换言之，当企业管理者注重企业社会责任时，这会让员工感受到一种更高的领导力水平，从而激发他们在工作中付出更多的努力。这些额外的努力又反过来促进企业的业绩提升。此外，组织身份(Jones,2010)和组织自豪感(Jones,2010)也被发现是企业社会责任有效性的关键中介变量。

（四）调节变量

在个体层面分析中，调节企业社会责任与结果之间关系的变量主要来源于企业管理者的影响，比如企业管理者的伦理承诺(Muller et al.,2010)以及企业管理者对公平的敏感度(Mudrack et al.,1999)等。研究发现，企业管理者对公平的敏感度越高，企业社会责任与结果之间的关系越强。此外，员工个人的自主权(Bansal,2003)和员工关注的社会责任议题的重要性(Bansal et al.,2000)也被发现是调节因素；随着这些变量值的增加，企业社会责任与其结果之间的关系变得更强。

（五）小结

首先，个人价值观和对某些特定问题的关注与企业社会责任的履行有关。其次，企业履行社会责任能够积极影响员工的表现、行为和态度，包括增加员工的参与度、认同感、角色外行为，提高工作绩效，增强员工承诺，降低离职率，同时增加企业对潜在员工的吸引力。再次，在个体层面上，员工对远见卓识领导力的认知、组织身份和组织自豪感等是企业社会责任与其结果之间关系的中介变量。最后，随着管理者对道德的承诺以及公平敏感性、员工的自主权以及员工的重要性等的增加，企业社会责任与其结果之间的关系变得更加紧密。

四、既有研究述评

总体而言，学界普遍认可企业社会责任的影响及其作用，许多学者分析了企业履行社会责任的驱动因素、内在机制和可能的影响条件。以往的研究已有较为丰硕的研究成果,但企业社会责任领域仍有一些问题有待进一步系统、深入探讨。其中,最为突出的是,既有文献对个体层面的企业社会责任的研究关注度较低。

Aguinis 和 Glavas(2012)指出,仅有 4%的研究基于个体视角讨论企业社会责任。陈宏辉、张麟和向燕(2016)也发现,组织层面的企业社会责任研究呈现绝对主导地位,对制度层面和个体层面的研究问题关注相对较少。然而,只有对个体层面进行深入研究才能更好地理解个体行为和交互作用,进而更全面地了解一个领域的运作机制。因此,加强对微观企业社会责任的探索具有重要的理论和实践意义。此外,既有研究还缺乏全景式地刻画个体在企业社会责任中的认知和行为反应过程,为揭示企业社会责任个体层面的有效性留下缺憾。

与此同时,现有国内研究对个性特质等个体层面的调节变量研究不足,为厘清企业社会责任的有效性留下缺憾。陈宏辉、张麟和向燕(2016)指出,相较于西方学者,我国学者在进行企业社会责任的研究时极少考虑个体层面的调节变量问题。随着企业社会责任的研究重心由制度层面向组织和个体层面转移,个体层面的调节变量,尤其是自我建构、共情、道德认同等个性特质因素的纳入,将有效厘清诸多变量之间关系的作用条件和边界范围。

第三章 参与型企业社会责任的产生与理论基础

企业社会责任已经成为企业重要的营销策略,但对目前较为流行的消费者参与型社会责任的研究尚不多见。本章首先探讨了企业自发履行社会责任的根本动力,并描述了参与型企业社会责任这一新模式的出现历程。然后界定了参与型企业社会责任的概念,并通过对企业社会责任的分类进行梳理,即基于参与方式(金钱型和时间型)对参与型企业社会责任进行分类,为后续提出参与型企业社会责任研究框架做准备。

第一节 参与型企业社会责任的出现

一、企业自愿承担社会责任的根本动力

企业除了在法律法规和伦理道德等外部压力的约束下承担社会责任之外,还往往出于商业利益的考虑履行社会责任。而在外部压力约束下的企业社会责任行为往往难以持续,因为一旦这些外部压力有所减弱或发生变化,企业的社会责任行为就可能终止。因此,企业主动、自觉地承担社会责任的根本动力在于其能带来潜在或预期的商业利益。据此,本节将结合既有文献,尝试对企业自发承担社会责任的理论基础进行讨论与梳理。

前文提及的利益相关者理论中的工具性方法较好地解释了企业为何自发、主动地承担社会责任。基于利益相关者理论,企业除了能够对利益相关者产生影响,利益相关者也会对企业的生产经营活动和业绩产生重要影响,比如员工偷懒、消费者抵制、社区关系紧张等。因此,企业通过履行社会责任来满足利益相关者的需求和期待,包括进行慈善捐赠、保护环境、关注员工和消费者权益等。其最终目的是通过关注利益相关者权益、承担相应的社会责任来提高企业竞争力,获得长期发展。此时,这种自发的、主动的企业社会责任的履行与承担,其实质是对商业利益的追逐,企业社会责任成为企业实现商业目标的战略性工具。此外,除了利益相关者理论,偏态选择论和开明自利论也常常被学者们认为是企业自愿承担社会责任

的重要理论基础。

（一）偏态选择论

基于偏态选择论(skew selection theory)，企业履行社会责任是增加自身生存概率，获得长期发展的必然选择。偏态选择论源于 Frederick 的研究，他认为企业与其所处环境组成一个相互依赖且互为制约的共生系统。一方面，企业需要不断从外界获取资源以生产产品，另一方面，企业与他人或组织分享资源以维持生态系统。为此，Hill 和 Cassill 构造了一个将贪欲(greed)、竞争(competition)、合作(cooperation)和慈善(philanthropy)整合于一体的生态经济模型。他们认为企业各部门以及企业与社会之间是上述四因素相互作用和不断调适的动态过程，称之为偏态选择论。

企业在贪欲的推动下，努力获取收益、积累资本，即占有更多的资源来优化生存环境、获得发展。贪欲分为善意贪欲和恶意贪欲两种：善意贪欲一般出现于资源充裕时，指的是企业在不危及其他个体或组织生存发展的情况下合理占有资源，以提高自身长期生存的概率；恶意贪欲一般在资源短缺时出现，指的是企业为了维持自身的生存，会夺取或占有其他个体或组织的资源，以降低其他个体或组织的生存概率为代价来提高自身的生存概率。然而，在一个动态、协同的生态系统中，若被占有或剥夺资源的个体或组织群起反抗或全部灭绝，企业将无法继续获取生存必需的资源，恶意贪欲随之消失。与此同时，企业将面临被反抗者或外来掠夺者摧毁的风险。因此，为了不被摧毁，企业会与他人分享自身资源。虽然与他人或组织分享资源在一定程度上减少了企业的自身收益、降低了自身短期的生存质量，但提高了企业抗击外来掠夺者的能力，提高了长期生存概率。从这个层面来看，分享亦是一种生存驱动的利己战略。需要注意的是，分享与竞争并不互斥，竞争侧重的是个体努力在群体中获取中心地位的机制与过程，比如企业员工为了获得更好的职位与收入而展开竞争。同时，竞争与合作也并不互斥，竞争并不意味着相互排斥与敌对。事实上，居于优势地位的企业在保留自身资源的同时以捐赠少量资源的方式来谋求合作共生是确保群体生存及自身中心地位的常见做法。这种通过合作求竞争的方式在偏态选择论中被称为渗漏分享(trickle-down sharing)。

综上所述，偏态选择论的核心观点是企业作为生态系统中的一员，其在贪欲的推动下通过竞争尽可能地占有资源以获取社会优势地位，并通过分享与捐赠自身部分资源获得其他个体与组织的社会认同以赢得更多的生存与发展机会。可见，在偏态选择论中，企业承担社会责任绝非出于利他动机，而是其维持生存和获得长期发展机会的必然之举。

（二）开明自利论

开明自利论(enlightened self-interest theory)的核心观点是企业能够通过利

他行为来实现利己目标。开明自利论前期主要是一些朴素、直白的观点的表达。比如,1963年,美国俄亥俄标准石油公司(Standard Oil Company of Ohio)提出"企业要想获得利益,必须先行善"这一朴素的观点。1971年,美国经济发展委员会对该朴素观点给予了充分肯定,并认为企业的慈善公益行为符合"开明自利"的原则。美国经济发展委员会指出,致力于构建良好社会环境的企业公益活动将有利于企业自身的利益和发展。

开明自利论的理论论证主要由 Wallich 和 McGowan 完成。两位学者通过对投资组合理论(portfolio theory)的解释,说明了开明自利论。投资组合理论认为,追求投资预期收益最大化的同时降低投资风险的投资者更偏向于将资本分散投资于多个不同的企业,而非集中投资于单一企业。因为投资者拥有众多企业的股权,因此某单一企业通过经营活动产生的收益将被其他企业分享,同时单一企业所带来的负面效应也将被其他企业稀释。因为所有这些企业均包含在投资者的投资组合之中,所以为了获取更多的投资收益,投资组合者更倾向于支持和鼓励企业从事有利于一群企业甚至有益于社会的行为,如履行企业社会责任。

显然,开明自利论并不否认企业传统的利己动机与目的;相反,该理论所强调的是企业可以通过"利他"来实现"利己"。该观点获得了包括 Copper、Steiner 和 Summers 等多位著名学者的认同与支持,因此开明自利论逐渐成为企业自发承担社会责任的重要理论基础。

二、参与型企业社会责任的出现

从历史发展的角度来看,企业的社会责任实践大体经历了自发自愿、被动响应和主动自愿三个阶段。而参与型企业社会责任主要随着主动自愿型企业社会责任的发展而产生,并最终成为当前企业承担社会责任的主要模式。

(一) 自发自愿的企业社会责任

19世纪中后期到20世纪前期,企业的社会责任实践属于企业自发自愿的行为。这一时期的企业社会责任实践多为企业提高公众形象的自愿行为,而非来自外部强大压力的约束,亦非企业为了实现自身商业目标的策略性行为。

长期以来,合规合法地追求经济利润最大化是企业唯一且根本的目标。在亚当·斯密和加尔文思潮的加持下,企业的责任具化为解决当时普遍存在的物质匮乏问题。因此,对除经济责任之外的其他社会责任而言,主流观点是:企业承担社会责任是消耗企业资源以及损害企业商业利益的行为,最终将对整个社会的总体福利水平产生不利影响。随着现代工业化生产对社会经济的负面影响逐渐显现,社会公众对单一追求商业利益的企业及挥霍无度的企业家的不满情绪增加,阶级矛盾日益激化。这引发了富人和企业家对自身公众形象的检讨,他们开始关注社会慈善公益事业,自觉开展相关社会责任活动。这一时期的企业社会责任带有浓烈的个人色彩和自愿动机。

尽管如此,Keim发现,早期的企业社会责任实践也带有一定的商业色彩,这是因为部分企业已经开始有意识或者无意识地通过慈善行为获取商业利益。此外,1954年之前的美国法律规定,企业的慈善行为需要被证明有益于股东。可见,在这一时期,虽然企业社会责任行为本身是自发自愿的,但行为的结果需要有助于增加企业的商业利益。

(二) 被动响应的企业社会责任

20世纪20年代至60年代,企业社会责任实践进入被动响应阶段。相较于早期自发自愿的企业社会责任,这一时期的社会责任的主要特点在于,企业在公众、政府以及法律法规等外在压力的推动下,被动地承担更多的社会责任。

推动企业被动承担社会责任的主要社会经济因素有两个:一是股权的分散化,二是多元化社会利益集团的出现。首先,企业股权的日益分散,削弱了股东对企业管理者的控制,企业管理者成为企业的实际控制人。而股东作用和地位的相对下降,使得除股东之外的其他利益相关者的地位相对上升,因此,作为实际控制人的企业管理者需要不断协调和平衡多方利益相关者的权益。故而,企业衍生出为员工、消费者、供应商、社区乃至整个社会福利负责的多样化责任。其次,随着经济与社会的进一步发展,涌现出大量的社会利益集团(Steiner,1971)。20世纪30年代,美国出现维护员工权益的工会。到了20世纪五六十年代,消费者权益保护机构、注重环境保护和关爱濒临灭绝动物的公益团体开始涌现。这些社会利益集团之间相互影响、相互制约,它们的发展与壮大推动了一系列强制企业承担各种社会责任的法律法规的制定与实施,包括员工权益保护法、消费者权益保护法、环境保护法等。在股权分散化和多元化发展趋势的共同作用下,企业不得不通过承担更多的社会责任来响应社会的要求、满足人们的预期,否则就会招致批评和制裁。

事实上,自20世纪50年代开始,企业逐渐意识到,获得公众和社会的广泛认可与支持对自身生存和发展的重要性。这种企业自我意识的转变为后期企业主动自觉地承担社会责任奠定了基础。

(三) 主动自愿的企业社会责任

20世纪70年代之后,美国经济整体陷入"内忧外患"的困境,推动着企业社会责任进入新的阶段。首先,1973—1975年爆发了世界性的经济危机,经济长期"滞涨",宏观环境低迷。与此同时,一方面,欧亚企业(如日本和德国)在汽车、家用电器、电子和化工等重要产业领域的发展与崛起,极大地削弱了美国企业的获利能力。诸如慈善捐赠这类不能为企业带来商业收益的支出开始受到股东、债权人甚至是员工的反对,企业开始实施紧缩开支计划。另一方面,为了摆脱宏观经济低迷的现状,政府致力于经济复苏与振兴。为此,政府开始缩减各方面的支出,特别是社会福利方面的支出遭到大幅减少。因此,社会慈善机构等非营利组织的资金来源日益萎缩。为了维持慈善公益事业,非营利组织机构要求企业更多地参与社会慈善事业,提供更多的资金支持。因此,这一时期的企业社会责任实践面临着难以调和的矛盾:一方面是迫于经济压力,需要缩减那些不利于企业获得商业收益的支出预算;另一方面是来源于非盈利组织机构的资金支持压力。

在此背景下,介入企业自发自愿和被动响应之间的新型企业社会责任实践模型——主动自愿的社会责任应运而生。相较于前两个阶段,这一时期的企业更加有意识地将承担社会责任与获得商业利益相结合,强调社会责任行为的投资性质,也因此更注意社会责任实践的方式方法。主动自愿的企业社会责任实践的核心观点是,企业社会责任实践既能够为社会作贡献,又能够为企业获得商业收益、提高竞争力。这种全新的在满足利益相关者期待的同时实现企业获利的"双赢"特性,使得主动自愿的企业社会责任获得了广泛的关注,并衍生出了策略性企业公益行为、善因营销等多种变体,最终发展为参与型企业社会责任。

(四) 策略性企业公益行为

策略性企业公益(strategic corporate philanthropy)行为是不同于传统企业慈善公益活动的一种新的公益实践行为。Smith 认为企业开展社会公益活动要具备策略性。策略性企业公益行为的核心在于企业能够通过行善而在商业上获得更大的成功。企业可获取的商业利益包括但不限于获得股东和利益相关者的支持、提升企业声誉和品牌形象、降低企业进入新行业的门槛、提高员工工作效率、减少政府管制、获得竞争优势等(Varadarajan et al.,1988)。

"策略性企业公益行为"一词最早由 Hunt(1986)提出,他介绍了企业开展社会公益活动的一些新思路和新方法,并说明了策略性企业公益行为应具备的一些基本特征。随后,Varadarajan 和 Menon(1988)基于市场营销学视角,深入分析了企业的社会公益行为与其商业目标相互兼容的可能性,并进一步提出了履责的方式方法和实施策略。20世纪90年代,学者们开始探讨策略性企业公益行为的概念、内涵及本质等相关内容。例如,Wood 认为,策略性企业公益行为是将企业与经济目标联系起来的一种方法。Logsdon 将策略性企业公益行为定义为那些既有利于商业利益又服务于其他组织和个人的慈善公益实践和行为。尽管不同学者的关注点和表述方式稍有不同,但他们都认为策略性企业公益行为是兼容社会福利和企业商业利益的一种新型公益行为。随着策略性企业公益行为研究的深入,市场营销学者将其纳入营销策略,并称之为善因营销。

1. 善因营销

善因营销由美国运通公司在 1981 年率先提出并运用,是一种通过资助某些特定的公益事业的方式来达到提升企业形象或销售企业产品等商业目的的营销策略

Varadarajan et al.,1988)。善因营销是与市场促销、公关关系等有机结合的新型企业社会责任实践形式,其与传统的企业慈善或公益行为存在着本质差异。首先,善因营销的资金来源常常是企业的广告或促销预算,而非企业慈善基金会。其次,善因营销鼓励消费者等外在利益相关者积极参与,其最终用于慈善事业的资金金额可能远大于企业自身的资助金额。因此,善因营销相较于传统的企业慈善行为具有明显的先进性与优越性。通过鼓励其他群体的积极加入,善因营销不仅开拓了社会慈善事业的资金来源、增加了社会福利,而且提升了社会公众对公益事业的认知度与支持度,有助于社会慈善事业的蓬勃发展。

作为善因营销的开创者和实践者,美国运通公司借助善因营销不仅提升了企业形象、获得了良好的企业声誉,而且迅速提升了运通信用卡的市场占有率。1981年,运通公司开始通过资助一些地区性的艺术活动和艺术团体的方式来推广其信用卡,其结果是运通信用卡的使用率和新卡申领率提高了 25%。1983 年,运通公司推出了著名的自由女神像修复计划。运通公司承诺,消费者每使用一次运通信用卡或新办一张运通信用卡,他们将为自由女神像修复计划捐出一美分。自由女神像修复计划的"双赢"效应显著,该计划大大提升了运通信用卡的市场占有率。相关资料显示,运通信用卡的使用率提升了 20%,其中新用户使用率提高了 45%。更重要的是,自此以后运通公司成为了美国公众心中具有社会责任感的爱国企业,在树立良好企业形象的同时获得了美国公众持久的好感、喜爱与支持。自此,其他企业纷纷效仿,在世界范围内广泛进行善因营销。善因营销因此得到了空前的发展。

2. 参与型企业社会责任

参与型企业社会责任是在善因营销的基础上发展而来的。随着互联网技术的进步和社交媒体的蓬勃发展,社会公众参与企业社会责任活动的方式日益多样化。尤其是企业与消费者之间的互动愈发频繁,消费者越来越倾向于通过直接参与企业社会责任活动来表达其对某一社会问题或公益事业的支持。这种消费者直接参与的企业社会责任称为参与型企业社会责任。参与型企业社会责任的典型案例是蚂蚁森林项目。下面将通过对蚂蚁森林项目的介绍来梳理参与型企业社会责任的基本特征。

蚂蚁森林是一款嵌入在支付宝应用中的以保护环境为宗旨的公益项目。该项目于 2016 年启动,鼓励消费者步行、使用共享单车或乘坐公共交通工具、线上支付水电费等多种节能环保行为。当消费者的环保行为达到一定标准时,蚂蚁森林及其合作伙伴会以消费者的名义在沙漠地区植树或获得一定区域的保护权益。从实施结果来看,蚂蚁森林项目对环境保护和可持续发展的影响显著而深远。公开资料显示,截至 2022 年 8 月,蚂蚁森林项目累计带动超过 6.5 亿人的低碳生活,在内蒙古、甘肃、青海、宁夏等 19 个省和自治区已种下超过 4 亿棵树,种植总面积超过 450 万亩(1 亩≈666.67 平方米);参与共建 24 个公益保护地,面积超过 2700 平方千米，守护着1600多种野生动植物。在蚂蚁集团、消费者、公益机构、政府等多方的共同努力下，蚂蚁森林已经发展为政府—企业—公益团体—消费者联动的国家级生态保护和绿色发展平台，为我国碳减排作出了重要贡献，推动了低碳生活方式的普及。通过鼓励消费者积极参与，该项目帮助消费者更好地理解他们的行为对环境的影响，提高了消费者的环保意识，激发了他们积极的环保行为。此外，蚂蚁森林项目具有显著的示范效应，引起了我国其他知名企业的仿效与追随（如腾讯公益），有效促进了我国公益慈善事业的繁荣与发展。

更重要的是，参与型企业社会责任除了有助于解决社会问题、提高公众的环保意识、增加社会福利之外，还会给履责企业带来好处（Bhattacharya et al., 2004）。早在2019年9月19日，蚂蚁森林项目就因其对环境保护的重要贡献，被授予联合国最高环保奖项——"地球卫士奖"中的"激励与行动奖"，极大地提高了企业的声誉和国际影响力。并且，鉴于蚂蚁森林是嵌入在支付宝中的小程序，数以万计的人需每天使用支付宝收取绿色能量。此举确保了支付宝始终具有较高的消费者黏性，提高并维持了支付宝的市场占有率。此外，根据蚂蚁森林的种树规则，消费者可以为其种植的树木命名。这种"一对一定制化"的特质，使蚂蚁森林极具象征意义和纪念意义。可以预见，在不久的将来，随着树木的长成、蚂蚁森林观光旅游项目的开启，将在为企业有效创收的同时带动当地旅游业和农业的发展。

第二节 参与型企业社会责任的概念及特征

既有研究发现，企业履行社会责任不仅会对社会发展作出有益贡献，而且能够帮助企业树立良好的形象，为企业生产经营提供友好的环境，并引发消费者积极的情绪反应（Bhattacharya et al., 2004）。随着策略性企业社会责任的兴起，企业对社会责任的关注也从义务性的"规范论"视角转变为具备战略性作用的"方法论"视角。作为策略性企业社会责任中的一员，参与型企业社会责任是指消费者通过直接参与企业组织的社会责任活动来表达其对某一社会问题的关注与支持的社会责任实践。与传统的企业社会责任不同的是，消费者不再仅是企业社会责任的被动接受者和受惠者，而是企业社会责任的积极共创者。结合蚂蚁森林项目，本节梳理出参与型企业社会责任的一些基本特征。

参与型企业社会责任的最基本特征是以消费者为主体，通过企业与消费者的共同努力来实现社会责任目标。在蚂蚁森林项目中，消费者首先在支付宝中认领一棵虚拟树，每当消费者在日常生活中采用绿色低碳的行为方式时，如通过乘坐公共交通工具而非开车的方式来通勤，就会自动生成一定量的可用来浇灌虚拟树的"绿色能量"。消费者需要在一定的时间期限内收集这些绿色能量并用于种树。当消费者获取足量的能量时,蚂蚁森林则向公益组织捐赠所需资金来完成种树及后续的养护任务。通过鼓励消费者积极参与,蚂蚁森林项目帮助消费者更好地理解他们的行为对环境的影响,提高了消费者的环保意识,激发了他们积极的环保行为。

参与型企业社会责任的另一个基本特征是,政府相关部门、公益组织和其他企业在其中发挥了重要的协同作用,履责企业需要与这些外部利益相关者紧密合作。首先,政府相关部门通过政策支持和资源协调,为参与型企业社会责任提供必要的后台支持。在蚂蚁森林项目中,全国绿化委员会办公室、中国绿色基金会与蚂蚁金服集团于2018年10月签署了"互联网＋全民义务植树"战略合作协议,蚂蚁森林正式纳入国家义务植树体系。根据协议内容,消费者在蚂蚁森林中每种植三棵树,即可获得一张全民义务植树尽责证书。该政策出台后,极大地激发了消费者在蚂蚁森林中的种树热情。其次,非盈利公益组织则在参与型企业社会责任中发挥着重要的宣传和引导作用,进一步推动企业社会责任目标的实现。例如,2023年4月,蚂蚁森林生态绿色发展基金会在上海生态环境局的指导下设立。该基金会将与上海以及全国各地的政府部门、公益组织展开生态保护修复、生态科普、环境研究等多样化的合作,为蚂蚁森林项目提供技术与资源支持。此外,其他企业通过与蚂蚁森林的公益联动,推出环保相关产品和服务,进一步鼓励更多的消费者参与公益事业。举例来说,2019年2月,盒马接入了蚂蚁森林系统。消费者在盒马线下门店购物时若不使用塑料袋,则可获得用于种树的绿色能量。盒马此举旨在减少白色污染,与蚂蚁森林共同推动环保事业的深入发展。

此外,参与型企业社会责任属于策略性企业社会责任的实践,因此具备较为明显的"双赢"甚至是"多赢"的特征。对于履责的企业而言,参与型企业社会责任能够帮助企业增加消费者的认可与支持,提高品牌口碑;对于慈善组织机构而言,参与型企业社会责任能够帮助他们拓宽慈善资金募集渠道,使其有效触及不同的圈层;对于消费者而言,通过积极参与企业社会责任活动,不仅可以有效唤醒自身的社会责任意识,培养社会责任习惯,而且能够对企业社会责任的履行情况实现有效监督,摆脱曾经被动接受的角色。例如,前文中的蚂蚁森林项目不仅有益于解决社会问题,而且有助于提高企业声誉,在获得消费者支持的同时带来了潜在的、新的市场机会。可见,参与型企业社会责任的作用不只是单纯地为社会作贡献,而是能够提高企业竞争力、获得消费者支持的重要战略性工具。相较于善因营销而言,参与型企业社会责任不论是履责内容还是履责方式都更为多样和灵活。为此,我们将对参与型企业社会责任作进一步探讨。

第三节 参与型企业社会责任的类别

一、企业社会责任实践分类

为了探索参与型企业社会责任的类别,本节首先按照时间顺序对既有文献中的企业社会责任的实践分类进行了梳理。1997年,Brown和Dacin(1997)将消费者对企业的认知反应分为企业能力(corporate ability)和企业社会责任(corporate social responsibility)两个维度。企业能力维度主要涉及企业在生产和提供产品或服务方面的专业能力,主要包括员工的专业素养、新产品的开发能力、技术革新和应用能力等能够体现企业专业水平的相关内容(Brown et al.,1997)。企业社会责任维度是企业面对自身应该履行的社会责任和义务时的姿态和行为等,包括企业的亲环境行为、对残障人士等特殊人群在雇用及晋升上的照顾、支持当地社区的发展、积极开展慈善公益活动等内容。企业社会责任维度有助于消费者了解企业的信念和价值观(Sen et al.,2001)。研究发现,企业能力层面和社会责任层面均能够有效提高消费者对企业以及品牌的信任感并最终影响消费者的购买行为,但其作用机制稍有不同。企业能力层面能够对品牌相关信念和认知产生直接影响,而企业社会责任层面则需要通过情绪调动或其他途径对其产生间接影响。

1999年,美国KLD公司发布了名为《Socrates:公司社会评级检测系统》(*Socrates:the Corporate Social Ratings Monitor*)的数据库文件,此文件将上市公司开展的企业社会责任活动划分为六大类别,具体如下:

1. 当地社区支持与发展

对社区内文化艺术事业的扶持、卫生保健项目的支持、面向低收入群体的教育和住房项目、慈善捐赠活动等。

2. 多样性活动

对性别、种族以及残障人士等社会少数群体和弱者的支持等。

3. 员工支持活动

为员工提供安全且稳定的工作环境、通过合理分配企业利润维持较高水准的员工福利待遇、与员工构建良好的劳动关系、注重员工对企业的参与感等。

4. 环境治理活动

开发和生产环保产品、管理那些能够威胁生态环境的有害垃圾、限制破坏臭氧的化学物质、禁止动物实验、废物再利用等。

5. 海外活动

提高海外劳动力待遇等。

6. 产品改善活动

提高产品的安全性、支持研究开发与创新、反对不公平交易及反垄断纠纷等。

大量研究表明,不同利益相关者关注的责任领域不同。例如,Turban 和 Greening(1997)研究了企业家看重的社会责任领域。结果显示,企业家更关注员工支持、环境管理、扩大多样性等议题,而不太关注社区相关议题。Backhaus、Stone 和 Heiner(2002)从员工视角出发,发现员工对企业的海外社会责任兴趣不大;相反,他们对扩大多样性和产品管理、社区支持等活动非常重视。营销专家 Bhattacharya 和 Sen(2004)则研究了消费者看中的社会责任类型。

2004 年,Moon 根据活动类型对企业社会责任进行了归类,他将企业社会责任分为社会公益(文化和艺术支持、体育推广、教育和学术支持、社区发展、环境保护等)、慈善捐款(捐款、对各种项目的运营支持、慈善和救济等)以及志愿服务(社会服务、免费提供专业咨询等)三种类型。2012 年,Lii 和 Lee(2012)将企业社会责任活动分为三类:一是企业直接且独立履行的社会责任;二是通过赞助非营利组织的方式履行的社会责任;三是鼓励消费者参与的善因营销。2017 年,Hildebrand、DeMotta 和 Sen 等根据投入资源的不同将企业社会责任划分为现金支持和实物支持两种类别。同年,Zhu、He 和 Chen 等将企业社会责任分为一次性大规模支持的能力导向(ability-oriented)和长期少量多次支持的努力导向(effort-oriented)两种方式。2019 年,Baskentli、Sen 和 Du 等根据受益对象的性质,将企业社会责任分为个体导向(individual-oriented)和群体导向(group-oriented)两种类别。

上述学者的研究均有效增进了对企业社会责任实践维度的认识。然而,这些分类大多是基于企业视角对企业单方面履行的社会责任的类别划分,鲜有研究对以消费者为主体的参与型企业社会责任的类别进行讨论。我们搜索文献后发现,目前仅有 Lee 等学者在 2017 年对参与型企业社会责任进行了分类。他们将旅游业的参与型企业社会责任活动分为分享型和服务型两种类别。分享型企业社会责任活动指的是游客向目的地的弱势群体分享自己拥有的金钱(捐款)、物品(捐物)以及个人才艺等的参与型企业社会责任活动。服务型企业社会责任活动指的是游客在目的地参与旅游公司组织的志愿服务的参与型企业社会责任活动。然而,Lee 等学者对参与型企业社会责任的分类(分享型和服务型)流于表象,未触及类别间的本质差异。这可能是他们的分类缺乏理论依据和框架所致。同时,个别较为典型的参与型企业社会责任活动(如善因营销)难以运用他们的分类进行合理归类。另外,他们的研究仅针对旅游业,普适性有待提高。

二、参与型企业社会责任分类

由参与型企业社会责任的内涵和基本特征可知,善因营销属于以消费者为责任主体的参与型企业社会责任实践。我国与美国运通公司的自由女神像修复计划类似的善因营销是农夫山泉的"一分钱公益"活动。2001年,农夫山泉股份有限公司发起了"喝农夫山泉,为奥运捐一分钱"的公益项目。这是一项通过号召消费者购买公司产品实现消费者与企业共同捐赠的参与型企业社会责任活动。该项目一经推出便获得了广大消费者的热烈追捧。然而,随着时间的推移,农夫山泉的"一分钱公益"活动遭到了公益机构以及消费者的质疑。我国公益互助平台《中国慈善时报》对此专门发起了新闻调查,在梳理"一分钱公益"活动始末的同时邀请专家学者发言评论。凤凰网和搜狐网针对该事件纷纷对网友进行了调查。数据显示,81.4%的网友认为"一分钱公益"活动涉嫌欺诈,甚至有70.9%的网友认为这只是农夫山泉谋取不正当利益的工具。至此,农夫山泉的"一分钱公益"活动黯然退场。而同为参与型企业社会责任活动的蚂蚁森林项目却长盛不衰,与"一分钱公益"活动的结果截然不同。由此可知,尽管参与型企业社会责任活动旨在鼓励消费者积极履行社会责任,但不同类型的社会责任的最终效果却有差异,甚至会引发消费者怀疑等不良效果。因此,我们有必要对参与型企业社会责任进行分类探讨。

通过深入对比两个项目的异同点后我们发现,"一分钱公益"活动侧重于消费者通过金钱消费来参与企业社会责任活动,而蚂蚁森林项目则侧重于鼓励消费者付出时间来参与企业社会责任活动。在"一分钱公益"活动中,消费者参与企业社会责任的方式单一且固定,即只能通过购买农夫山泉旗下特定产品(矿泉水)的方式来参与。因此,在"一分钱公益"活动中,消费者的参与本质上是产品的捆绑销售,涉及金钱交易。而在蚂蚁森林项目中,消费者参与企业社会责任的方式则更为多样且灵活,不仅包括传统的金钱消费,而且包括不需要金钱消费的日常步行等其他方式。换言之,蚂蚁森林项目中与消费者的参与相伴而来的是时间的付出。根据蚂蚁森林项目的积分规则,消费者至少需要步行95天(按每天1万步计算)或乘坐211次公共交通工具(如公交或地铁)才可以成功种上一棵树。我们后续通过问卷调研,证实了上述猜想。我们发现,"一分钱公益"活动与金钱属性紧密相关,而蚂蚁森林项目则与时间属性有着密切联系。

我们翻阅大量文献后发现,时间与金钱这两类不同的资源间存在本质差异,因此会诱发不同的结果。比如,时间的内在模糊性理论认为时间与金钱在机会成本和预算约束两方面存在差异(Okada,2004;Chatterjee et al.,2016)。金钱的机会成本是明确的、可以评估的,因为金钱在市场上可以很容易地转换和储存。与此相反,时间是不可转让的、不能储存起来供未来使用的,因此时间的机会成本是模糊的。金钱和时间的差异还体现在消费者在特定时期内拥有的可支配收入是固定的,因此金钱的预算限制往往是真实存在的。然而,时间的约束却相对较松。尽管每个人每天能够使用的时间是相同的(24小时),但消费者可以自由决定和分配如何度过这24小时。此外,Lim(2019)认为,时间和金钱之间具有差异性。金钱往往被视为一种物质的、有形的和具体的资源,而时间往往被视为一种无形的、不明确的和抽象的资源。

因此，本节将参与型企业社会责任活动按照消费者投入资源的不同分成两类：时间型与金钱型。时间型企业社会责任活动指的是消费者自愿贡献自己的精力，以付出时间的方式来参与企业社会责任活动，包括转发或上传特定的内容到社交媒体，完成某些特定的任务，分享特定的才艺或专业技能等。蚂蚁森林项目属于时间型企业社会责任活动。而金钱型企业社会责任活动主要通过捐钱的方式参与。"一分钱公益"活动属于金钱型企业社会责任活动，其典型特征是通过购买特定产品来参与。

尽管目前尚较为缺乏关于参与型企业社会责任类别间差异的研究，但基于对以往研究结果的梳理，我们认为金钱型和时间型企业社会责任活动将导致不同的消费者认知与行为，并最终影响企业社会责任的有效性。比如，Andreu、Casado-Díaz和Mattila(2015)证明了服务业中企业的履责领域会导致不同的消费者反应。当企业进行与环境保护相关的社会责任活动时，使用理性信息传达活动内容可以提高消费者对企业的积极评价。而当企业实施与员工福利相关的社会责任活动时，使用感性信息则更有效。事实上，不仅是履责领域，企业履行社会责任的方式也会导致消费者的差异性认知。Ellen、Mohr和Webb(2000)发现，相较于支援慈善机构的公益活动，消费者对灾后重建类的企业社会责任活动给予了更高的评价。在支持方式上，比起现金支持，提供物品支持更受消费者认可。更具体的差异分析将在后面的章节给予详细说明。

第四节　参与型企业社会责任研究的理论基础

一、价值理论

（一）价值理论概述

价值(value)是个体思想和行动的基础(Schwartz,1994)，是消费者引发个体思考生活中什么是重要的以及什么是可取的信念(Kluckhohn,1951)。Schwartz(1994)认为个体的价值是由具有关联性的动机形成的一个圆形的连续体。在连续体中，相邻的价值具有相似的内涵，对角线上的价值则具有对立或相反的特征。例如，在价值连续体中，普世主义价值和仁慈价值是相邻的价值，具有一定的相似性；而仁慈价值和权力价值是处于对角线上的价值，可以视为相互对立的两个价值。

消费者价值来源于消费者与产品或服务之间的互动(Holbrook,1999)，是消费者在使用产品或服务的过程中的主观感受，因此又称为消费者感知价值。Zeithaml(1988)将消费者感知价值定义为通过使用产品所获得的收益与为了购买产品所需付出的代价之比。Kotler 和 Keller(2011)将消费者感知价值描述为感知总收益与感知总成本之间的差额。感知总收益是产品收益、服务收益、个性收益和形象收益的总和。感知总成本由货币成本、时间成本、精力成本和心理成本组成。因此,要提高消费者感知价值,就需要增加产品的经济效益、功能效益和情感效益,同时要降低消费者的心理成本。

基于 Currás-Pérez、Dolz-Dolz 和 Miquel-Romero 等(2018)的研究,消费者感知价值具有如下特征:(1)感知价值与特定品牌、产品或服务的使用紧密相关;(2)感知价值是消费者的主观认知,无法由企业客观创造;(3)感知价值是通过在产品或服务带来的收益和为了获取这些收益而必须作出的牺牲之间进行比较而形成的,所作出的牺牲不仅包括货币支出,还包括时间、精力和压力等非货币牺牲;(4)感知价值是动态的,会随着时间的推移而变化;(5)对某项产品或服务的感知价值是通过与其替代品的价值进行比较而相对确定的。

消费者在采取行动和作出决策时,会直接或间接地受到感知价值的影响(Currás-Pérez et al.,2018)。同时,Mizik 和 Jacobson(2003)指出,能够持续为消费者创造独特感知价值的企业能够引领市场并取得成功。因此,在参与型企业社会责任活动中,消费者的参与意愿将可能受到消费者在企业履行的社会责任活动中感知价值的影响,有必要进一步深入探讨。

(二) Schwartz 的价值理论

Schwartz(1992,1994)通过在多个国家中进行问卷调研,确定了不同文化圈中个体普遍追求的价值,主要包括自我导向价值、刺激价值、享乐主义价值、成就价值、权力价值、安全价值、顺从价值、传统价值、仁慈价值、普世主义价值等在内的共10 种不同的价值类型,每种价值类型包含了 3~9 条数目不等的价值项目(表 3.1)。

表 3.1 Schwartz 的价值分类

价值类型	定义	项目
自我导向	独立思考和行动——选择、创造、探索	自由、创造力、独立性、选择自己的目标
刺激	生活中的精彩、新奇和挑战	大胆的、多样化的、充满挑战的、多彩的生活
享乐主义	自己的快乐和感官的满足	享受生活、满足欲望、自我放纵
成就	符合社会标准的个人成功	成功、有能力、有抱负、对人物和事件有影响力
权力	社会地位和名声、对人和资源的支配力	社会权力、权威和财富、社会的认可、维持社会体面
安全	社会、自身以及与自身有关系的人之间的安全、和谐与稳定	归属感、社会秩序、国家安全、家庭稳定、健康的、洁净的

续表

价值类型	定　　义	项　　目
顺从	约束可能扰乱或伤害他人、违背社会期望或规范的行动、倾向	顺从的、恭敬的、孝顺父母和长辈
传统	尊重、信奉和接受传统文化或宗教的习俗和观点	尊重传统、谦卑、奉献、谦逊、接受自己扮演的人生角色
仁慈	保护和提高与自己频繁接触的人们的福利	有灵性、有意义的人生、正直的、成熟的爱、忠诚的、原谅他人、乐于助人、真正的友谊、有责任感
普世主义	对人类和自然福祉的关注、理解和保护	平等、内在的平衡、世界和平、广阔的、与自然的平衡、美丽的世界、社会正义、保护环境

资料来源：根据 Schwartz(1994)的价值理论整理。

Schwartz(1994)将上述 10 种价值类型用一个圆形的连续体（图 3.1）来呈现，主要包括两对相互对立的价值维度：乐于改变与保守维度、自我超越与自我提升维度。第一对相互对立的价值维度是"乐于改变"与"保守"。乐于改变维度指的是个体对新思想和新观念持开放的态度，包括自我导向价值、刺激价值和享乐主义价值。保守维度则体现了对传统习俗等的顺应，包括顺从价值、安全价值和传统价值。另一对相互对立的价值维度是"自我超越"与"自我提升"。其中自我超越反映的是对群体利益的关注，而自我提升反映的是对个人利益的关注。自我超越维度维度下包括普世主义价值、仁慈价值，自我提升维度下包括享乐主义价值、成就价值和权力价值。

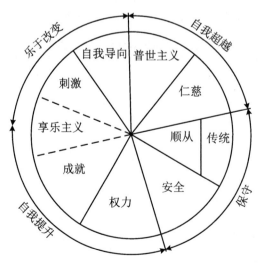

图 3.1　Schwartz 的价值关系图

资料来源：根据 Schwartz(1994)的价值理论整理。

基于 Schwartz 的价值理论,Shaw 等学者分析了道德消费者对各价值重要性的认知。研究显示,自我导向价值、刺激价值和成就价值是消费者最重视的价值类别,享乐主义价值、安全价值、仁慈价值和普世主义价值则相对重要,而顺从价值、权力价值和传统价值的重要程度则较低。在具体的价值项目中,消费者对平等的评价最高,其次是保护环境、健康、乐于助人、有责任感和社会正义,之后是家庭稳定、多彩的生活、广阔和正直等价值项目。

(三) Sheth、Bruce 和 Barbara 的消费价值理论

Sheth、Bruce 和 Barbara 三位学者较为关注消费者价值。他们认为,消费者的购买决策过程(包括产品及品牌的比较和挑选)与他们从产品(或品牌)中感知到的有用性紧密相关(Sheth et al.,1991)。基于此,这三位学者于 1991 年提出了著名的消费价值理论(theory of consumption values),并将消费价值划分为功能价值、社会价值、情感价值、认知价值和情境价值五种类别。

功能价值(functional value)是产品或服务的实用性和物理特性的体现,它被定义为在使用产品和服务时所感知的效用。功能价值有助于预测消费者基于经济效用的产品和品牌偏好。

社会价值(social value)指在与特定社会群体的关系中形成的感知效用。它说明消费者对产品或品牌的选择可能与消费者所属群体的特征有关。另外,消费者会受到同龄群体、他人观点和意见的影响,因此,社会价值也有助于解释炫耀性消费。

情感价值(emotional value)在特殊情感被激发时形成,具有非认知性和无意识性。比如,生日蛋糕这类与纪念日相关的产品会激发消费者怀念、感动、开心等多样的情感。

认知价值(epistemic value)指通过使用能引发好奇心、满足人们对新知识的渴望的产品或服务时获得的效用,其主要在追求新意和多样性的过程中形成。

情境价值(conditional value)指在特定的情境或环境中使用产品或服务所获得的效用。情境价值会随着周围环境的变化而变化,与之相关的产品只有在特定时期或特定情境下才具有价值。

基于 Sheth、Bruce 和 Barbara 的消费价值理论(表 3.2),Green 和 Peloza(2011)对北美消费者进行了深入访谈。研究发现,企业社会责任活动会引发包括情感价值、社会价值和功能价值在内的多样的感知价值,并且不同的企业社会责任活动会引发消费者不同的感知价值。首先,企业的慈善捐赠等传统社会责任活动与情感价值积极相关。这类企业社会责任活动大多会引发消费者感动、幸福等积极情感。其次,致力于保护环境的企业社会责任活动被认为具有社会价值,其主要原因在于通过购买环保产品或服务能够获得他人的关注,并能树立自身作为环保人士的良好形象。最后,与产品相关的企业社会责任活动大多被视为具备功能价

值。例如,购买低油耗汽车对消费者而言不仅可体现自身的环保意识,更重要的是,从长远来看,低油耗意味着能够减轻消费者的经济负担。此外,Green 和 Peloza(2011)通过进一步研究发现,情感价值、社会价值和功能价值并不是互斥关系;相反,它们紧密联系并且可以在单一的企业社会责任活动中被同时感知。

表 3.2　Sheth、Bruce 和 Barbara 的消费价值理论

价值类型	内容	说明
功能价值	产品或服务本身所具有的实体或功能价值	当一个产品或服务具有某些功能上的属性,且能满足消费者使用该产品或服务功能上的目的时,则说明其具有功能价值
社会价值	为消费者与其他社会群体联结而提供的效用	当一个产品或服务能够提升消费者自身的社会地位,塑造其社会形象,或满足消费者内在的自我欲求时,则说明其具有社会价值
情感价值	引发消费者特定的感情或者影响其情感状态	当消费者选择某一产品或服务时,可引起其特定的情感反应,如喜爱、感动、开心等,则说明其具有情感价值
认知价值	刺激消费者的好奇心、满足其对知识的追求	当一个产品或服务能够满足消费者的好奇心、新鲜感和追求新知的需求时,则说明其具有认知价值
情境价值	在特定场景或环境下,为消费者提供效用	在特定条件下,一个产品或服务能暂时为消费者提供功能或价值,且能临时改变消费者的消费习惯或行为,则说明其具有情境价值

资料来源:根据 Sheth、Newman 和 Gross(1991)的消费价值理论整理。

(四) Holbrook 的消费价值理论

Holbrook(1999)根据价值的三个关键标准,确定了消费者感知价值的八种形式。

第一个关键标准——外在价值与内在价值。外在(extrinsic)价值是指作为达到某种目的(或目标)的手段的实用性功能价值。内在(intrinsic)价值是指消费、使用产品或服务本身所具备的价值。

第二个关键标准——自我导向价值与他人导向价值。自我导向(self-oriented)价值是指以自我为中心的倾向,主要考虑事物对自我的影响以及自我对事物的反应。他人导向(other-oriented)价值的关注点是他人或外部环境,主要考虑他人的反应以及对他人的影响。

第三个关键标准——主动价值与被动价值。主动价值是指消费者身体力行时

形成的价值,而被动价值是指消费者面对外界刺激时作出的反应而形成的价值。

基于上述三个关键标准的两两组合,Holbrook(1999)将消费价值分为八种类型:效率(efficiency)、乐趣(play)、卓越(excellence)、美感(aesthetics)、地位(status)、伦理(ethics)、尊敬(esteem)和心灵(spirituality)。详见表3.3。

表3.3 Holbrook的消费价值理论

价值维度		外在	内在
自我导向	主动	效率	乐趣
	被动	卓越	美感
他人导向	主动	地位	伦理
	被动	尊敬	心灵

资料来源:根据Holbrook(1999)的消费价值理论整理。

Peloza和Shang(2011)使用了Holdbrook(1999)消费价值理论中的外在价值与内在价值和自我导向价值与他人导向价值这两个关键标准解释了有机产品的价值形成过程。表3.4对此进行了总结。

表3.4 消费有机产品时关联的感知价值

价值维度	外在	内在
自我导向	效率以及卓越 (没有农药残留)	乐趣以及美感 (朴素的慢消费)
他人导向	地位以及尊敬 (向他人表明自己的环保意识)	伦理以及心灵 (对环境保护的贡献)

资料来源:根据Peloza和Shang(2011)的相关理论整理。

(五) 价值理论在企业社会责任中的应用及存在的问题

企业社会责任实践在构建可持续发展的社会方面发挥着重要作用。因此,追求可持续发展的个体或组织在感知、评价乃至直接参与企业社会责任活动的过程中,能够引发多样的感知价值。例如,消费者可以通过购买与企业社会责任相关联的产品来实现自我满足以及改善自身在他人眼中的形象(Peloza et al.,2011),或通过对企业社会责任活动的接触、认知乃至直接参与来提高幸福感(Bhattacharya et al.,2004)。

事实上,Boccia和Sarnacchiaro(2018)认为,企业社会责任活动不仅能为那些追求可持续发展的个体提供价值,还能为包括其他个体在内的所有利益相关者提供多样的价值。类似地,Bhattacharya和Sen(2004)提出,企业开展社会责任活动不仅有利于解决社会问题,而且使关注或直接参与企业社会责任活动的消费者以及企业自身受益。值得注意的是,与企业社会责任相关的感知价值并非都是积极正向的(Green et al.,2011)。例如,购买环保产品有助于保护环境、增加社会价值,但同时可能会降低与产品实用性相关的功能价值。换言之,不同的价值之间可能存在相互冲突的可能性。因此,消费者在企业社会责任中的感知价值需要进一步深入探讨。

尽管在企业社会责任研究中,Sheth、Newman 和 Cross(1991),Holbrook(1999)及 Schwartz(1992,1994)等学者的价值理论均有所涉及。但是,前两种价值理论与产品或服务的消费有关,因而只与涉及消费的企业社会责任活动有一定关联。Schwartz(1992)的价值理论研究的是个体普遍追求的价值,更为全面与普世,因此在企业社会责任研究中得到了广泛应用(Golob et al.,2008;Steg et al.,2014;Zasuwa,2016;Xie et al.,2019)。

一直以来,企业社会责任研究主要围绕 Schwartz 价值理论中的自我超越和自我提升这一对立维度展开,具体研究对象有普世主义价值、享乐主义价值、成就价值、权力价值等。举例而言,Steg、Perlaviciute 和 Van der werff 等(2014)的研究发现,消费者认为企业社会责任活动主要涉及自我超越维度和自我提升维度的价值。特别是,他们发现享乐主义价值在企业社会责任活动中起到重要作用。然而,除了自我超越和自我提升维度,Schwartz 的消费价值理论中另一对重要的对立维度是乐于改变和保守。但是,既有研究对这一维度的关注却较为缺乏。

鉴于此,本书兼顾了 Schwartz 价值理论中自我提升与自我超越维度、乐于改变与保守这两个对立价值维度,深入分析了消费者在参与型企业社会责任活动中可能感知到的多样价值,以期获得有意义的研究发现。

二、归因理论

(一)归因理论概述

1958 年,心理学家 Heider 首次将归因问题理论化并指出行为产生的背后必有其原因。他将个体对自己或他人行为的原因归为内在和外在两类因素。内在因素主要包括个性特质、情感、态度、动机、情绪、努力程度、能力及其他个人所具备的因素;外部因素主要指外在于个体的任何其他因素,主要包括自然环境、人文环境、运气等因素。之后,Kelley(1967)对个体面临多种情境变量时的归因进行了分析,并设计了一个抽象的归因过程模型,该模型包含两个原则:协变原则(一贯性、一致性、特殊性)和组合原则(补偿原则、怀疑原则、增强原则)。一贯性指个体将来还会这么做的可能性;一致性表示在同样的情况下,其他人也会这样做的可能性;特殊性指仅在同种情况下个体才会这样做的可能性。当行为的一贯性、一致性和特殊性程度越高时,会越强烈地归因于外在因素。而当行为的一致性、特殊性较低,一贯性较高时,则该行为会被归因于内部因素。Heider 和 Kelley 两位学者构建了归因理论的基础,此后关于归因理论的研究进入蓬勃发展阶段。

(二) 参与型企业社会责任中的归因类别

近年来,随着企业社会责任活动的开展,归因理论被用来解释消费者参与企业社会责任活动这种外在行为表现的原因。因为面对与企业经济目标相悖的企业社会责任活动时,消费者本能地对企业履行社会责任这一行为背后的动机进行推论,进而影响企业社会责任的实施效果。对于企业社会责任归因的研究,很多学者从不同的角度给出了划分类别的方法。比如,Swanson 的三重动机划分法:经济动机、积极责任动机以及消极责任动机。Maignan 和 Ralston 又将这三个动机进行了更加完备的定义,即绩效驱动、价值驱动以及利益相关者驱动。而 Mohr 将其划分为四类:全部为了自身利益,绝大部分为了自身利益、小部分为了社会福利,小部分为了自身利益、大部分为了社会福利,完全为了社会和环境的利益。这四种分类在实际操作中很难测量,故在实证研究中很少采用此分类方法。Ellen、Webb 和 Mohr(2006)认为消费者对企业社会责任的归因较为复杂,他们将企业履行社会责任的动机分为四类:以利他为中心的价值驱动归因、利益相关者驱动归因、以利己为中心的自私自利驱动归因、战略驱动归因。

然而,进一步的研究发现,即使企业履行社会责任存在经济和社会双重目的,消费者通常也只简化为出于经济目的或出于真诚关心社会两种(卢东,2016)。为此,本节中对企业社会责任的归因也按此分类进行后续的实证分析,以明确在参与型企业社会责任中,不同归因所引发的不同效果。

三、自我建构理论

(一) 自我建构理论概述

自我建构的概念由 Markus 和 Kitayama 在 1991 年提出,它被定义为个体认为自己与他人相关或不同的程度。人们可能将自我视为与他人不同的独立实体,即独立型自我建构(independent self-construal);也可能将自我视为社会关系的一部分,即互依型自我建构(interdependent self-construal)。

独立型自我建构者重视自己的独特性,有强烈的个人独立意识,重视自己的个人特点、能力和偏好。因此,他们更加注重自己的内在能力、思想和情感、独特性及自我表达;追求个人目标;倾向于直接的沟通和对话(Singelis,1994)。与之相对的,互依型自我建构者则将自己视为社会网络的一部分,重视自己与他人之间的联系,并渴望建立良好的人际关系。因此,他们更为看重地位、角色和关系等外部的、公共的特征,依据自己承担的角色作出适当的行为,考虑对方的心理和想法

(Singelis,1994)。

Brewer 和 Gardner(1996)指出,独立和相互依存是人类的基本需求,因此个体可能既有独立型自我建构,也有互依型自我建构。独立型自我建构者可能拥有一定程度的互依倾向,而互依型自我建构者也有可能具有某些独立倾向。与此同时,在某种情境下,独立型自我建构者可以临时成为互依型自我建构者,而互依型自我建构者也可能在某些情境下,转变为独立型自我建构者。

对自我建构水平的测量,应用最为广泛的是 Singelis 于 1994 年开发的自我建构量表(self-construal scale)。该量表采用自我报告式的方法分别测量个体的互依型和独立型自我建构水平。测量量表的具体内容见表 3.5。

表 3.5 Singelis 的自我建构量表

类别	量表内容
互依型自我建构	尊重集体的决定是重要的
	为了集体的利益,我会牺牲自己的利益
	与他人维持一种融洽的关系非常重要
	保持良好的人际关系比我自己取得成绩更重要
	我尊重那些谦虚的人
	周围人的快乐就是我的快乐
独立型自我建构	我乐意在许多方面与众不同
	独立于他人的个性特点非常重要
	保持活跃的想象力很重要
	与刚认识的人交往时,我喜欢直截了当
	无论和谁在一起,我的表现始终一样
	当被单独夸奖或奖励时,我会感到舒服

资料来源:笔者整理。

(二) 自我建构与参与型企业社会责任

消费者会因个体特性的不同而对企业社会责任活动产生不同程度的期望、认知、态度和评价,进而影响企业社会责任活动的最终效果(Green et al.,2011;Currás-Pérez et al.,2018;White et al.,2019)。自我建构作为消费者个性特质因素中的重要一员,可能影响参与型企业社会责任的有效性。

首先,消费者自我建构(独立型和互依型)对于企业社会责任活动有着不同的偏好,为研究自我建构对参与型企业社会责任的影响提供了可能性。根据 White、Habib 和 Hardisty(2019)的研究,个体自我建构的水平对于能够为社会或特定群体成员提供福利的企业社会责任表现出不同的关注度与行为偏好。相较于独立型自我建构,高度互依型自我建构的个体更偏向那些能使社会成员都受益的与环境保护相关的企业社会责任活动,而非那些仅有利于个别群体或自身的企业社会责任活动。参与型企业社会责任旨在鼓励消费者积极参与,因而通常企业会选择那些较为普适的、惠及大众的社会责任活动。因此,相较于独立型自我建构,互依型自我建构消费者对于参与型企业社会责任活动的反应将更积极。

其次,自我建构(独立型和互依型)的水平会影响消费者作出可持续行为的意愿,为分析自我建构在参与型企业社会责任类型中的作用奠定了基础。Arnoky、Stroink 和 DeCicco 提出,具有较高互依型自我建构水平的个体更愿意作出那些有利于社会发展的可持续行为,如自发的低碳环保行为、积极参加企业开展的社会责任活动等。在参与型企业社会责任活动中,消费者的参与意愿是由其在活动中的感知价值影响和决定的。因此,我们推测,相较于独立型自我建构,互依型自我建构的消费者将从参与企业社会责任活动中获取更积极的感知价值,进而促进积极的参与行为。后文将通过实证数据分析,检验自我建构的类别及水平对参与型企业社会责任有效性的影响。

第四章 参与型企业社会责任类型的作用机制及边界条件实证分析

不同的企业社会责任会带来不同的效果,企业需要在多样的内容和方式中找出最适合的企业社会责任活动以实现自己的战略目标。在第四章中,我们将对以往的研究进行回顾,提出研究假设并进行实证检验,主要包括基于价值理论的参与型企业社会责任类型作用机制研究,将其概念模型以参与型企业社会责任的类型为核心进行构建,重点分析感知价值在参与型企业社会责任中的作用机制以及本章涉及的核心变量间的路径关系。

第一节 研究回顾及述评

企业社会责任已成为企业获取竞争优势的重要途径。与此同时,消费者对企业的影响方式也愈发多样。越来越多的企业在履行社会责任时开始注重与消费者之间的互动,甚至鼓励消费者直接参与到社会责任活动中来。

然而,不同的参与型企业社会责任可能会带来截然不同的结果。比如前文中提及的农夫山泉的"一分钱公益"活动。起初该公益活动获得了巨大的品牌效应和经济效应,但后期被公众质疑是企业谋求不正当利益的工具,最终该公益活动黯然收场。与此相对的是,同为参与型企业社会责任活动的蚂蚁森林项目一直备受广大消费者的喜爱和支持。可见,正确选择合适的参与型企业社会责任尤为重要。遗憾的是,目前尚未有研究实证检验哪种类型的企业社会责任活动最适合激励消费者积极参与。与此同时,消费者决定是否参与某类企业社会责任活动的潜在机制我们也尚不清楚。因此,本节将参与型企业社会责任的类型作为其有效性的重要前因变量,重点分析消费者面对不同类型的企业社会责任活动时的认知过程及内在心理,并在此过程中讨论了可能的影响因素,旨在为企业如何开展参与型社会责任活动提供明确而具体的指导。

本节将参与型企业社会责任活动分为时间型与金钱型两种类别。既有研究发现,时间与金钱概念在消费者的购前(产品搜索和产品评估)、购中(产品选择)和购后(产品的态度和偏好)决策中均有着不同的影响。进一步分析发现,消费者产生这种差异的原因在于时间概念与金钱概念激活了消费者不同的信息处理模式和思维定势(贺汝婉 等,2021)。双加工理论认为,个体依赖于两个并行和交互的信息处理系统:理性系统和感性系统(Saini et al.,2008)。时间概念往往会激活消费者感性的、情感效益最大化的启发式加工模式,而金钱概念则会激活消费者理性的、经济效益最大化的分析式加工模式(Saini et al.,2008)。此外,Okada 和 Hoch(2004)提出的时间固有模糊性理论强调了金钱与时间的内在区别。消费者倾向于认为在机会成本的评估和对预算约束的感知方面,时间资源比金钱资源更为灵活和模糊(Chatterjee et al.,2016;Johnson et al.,2021)。并且,这种差异会导致消费者对企业社会责任的差异性感知和行为(Chatterjee et al.,2016;Johnson et al.,2021;Okada et al.,2004)。鉴于此,本节将参与型企业社会责任分为金钱参与和时间参与两种类别,并推论不同的参与类型(金钱型和时间型)将引发消费者不同的认知反应和行为意愿。

Schwartz 确定了人类在不同文化中普遍追求的价值(Schwartz,1992,1994)。Currás-Pérez、Dolz-Dolz 和 Miquel-Romero 等(2018)提出,消费者感知价值直接影响其决策和行为。因此,我们推论感知价值是消费者决定是否参与企业社会责任活动的核心要素。具体而言,我们认为参与型企业社会责任类型(金钱型和时间型)与消费者行为意愿之间的关系取决于消费者在企业社会责任中的感知价值。在企业社会责任研究领域,以往的文献主要集中于讨论某种单一价值(如普世主义)的作用,如 Golob、Podnar 和 Koklič 等(2019),Steg、Perlaviciute 和 Van der Werff 等(2014),Zasuwa(2016)等,而忽视了对多种价值的整合研究。事实上,Green 和 Peloza(2011)发现,消费者在企业开展的社会责任活动中能够同时感知到多样且不同的价值。为此,本节遵循两位学者的建议,综合考虑多种可能被消费者在参与型企业社会责任中感知到的价值,包括刺激价值、安全价值、享乐主义价值、成就价值和普世主义价值等,以期全面把握价值在参与型企业社会责任中的作用。

此外,研究表明,消费者的个性特质可以对企业社会责任活动形成不同水平的期待感,并且会影响消费者对企业社会责任活动的认识和评价,从而决定企业社会责任活动的成败(Green et al.,2011;Currás-Pérez et al.,2018;White et al.,2019)。自我建构作为重要的个性特质,可能会影响参与型企业社会责任的有效性,因此应对其加以分析和讨论。同时,我们还对消费者的企业社会责任感知与参与意愿进行了分析。其中,企业社会责任感知反映了消费者态度和认知水平的变化,而参与意愿则直接反映了消费者对企业社会责任的支持程度。换言之,我们旨在通过探索感知价值在参与型企业社会责任类型与参与意愿之间的关键中介作用以及自我建构可能的调节作用,分析消费者的金钱投入和时间投入在企业社会责任中的不同效应,进而明确参与型企业社会责任有效性的内在机制。

第二节 研究假设

一、参与型企业社会责任类型对消费者认知与行为的影响

目前,企业社会责任已经成为企业管理和营销领域的重要话题。Carroll 和 Buchholtz(2000)认为,企业社会责任不仅仅是对国家、社会或利益相关者的义务与责任,更是一种不易被他人模仿的、能够带来良好社会绩效的企业战略。企业通过履行社会责任,可以加强与利益相关者的关系(Wei et al.,2018),树立良好的企业形象与企业声誉(Kim,2019),继而提高企业的财务和非财务绩效。

此外,学者们发现消费者参与对于企业开展致力于解决社会问题的企业社会责任活动来说至关重要(Ahn et al.,2020;Howie et al.,2018)。Uzkurt(2010)将消费者参与定义为消费者对信息、情感、身体和行为贡献的任意表达。学者们认为,消费者积极参与企业社会责任活动能够显著增加消费者的信任度、提高消费者的购买意愿,进而有助于企业获得竞争优势(Dabholkar et al.,2012;Hur et al.,2020)。因此,我们将鼓励消费者积极参与的企业社会责任活动定义为参与型企业社会责任活动,并将其分为金钱型与时间型两种类别。

Ahn 和 Lee(2020)研究发现,对于消费者而言,参与企业社会责任活动既是强加的成本也是收益的获取。一方面,当需要消费者与企业共同进行某项社会责任活动时,通常意味着消费者需要采取一些行为、付出一些努力,比如捐款、捐物、实地进行志愿者服务等。而消费者若不参与企业社会责任活动,则不再需要这些额外的努力或付出。因此,对于消费者而言,参与企业社会责任活动是企业强加给自己的成本。另一方面,企业社会责任活动本身是一个有价值、有意义、利国利民的善举。因此,消费者通过对企业社会责任活动的接触与参与,能够切身感受到"人性的光辉",进而获取包括增加自我认可度、提升满足感与幸福感(Bhattacharya et al.,2004)在内的一系列收益。因此,一项参与型企业社会责任活动是否能够引发消费者的积极参与,其根源在于消费者通过参与企业社会责任活动预期获得的收益与付出的成本之比:若预期收益高于成本,则可能引发消费者积极的认知和行为意愿;若预期收益低于成本,则不太可能引发消费者积极的认知和行为意愿。

消费者对金钱型与时间型这两类参与型企业社会责任活动可能有着不同的成本与收益感知。从成本感知层面来看,参与型企业社会责任成本感知的本质是消费者对自身货币和非货币损失的感知(Ahn et al.,2020)。相较于金钱型参与,时间型参与所带来的机会成本和预算约束都不明确,消费者对时间付出的测度因而较为模糊和主观。并且,模糊的成本感知会进一步增加消费者的收益感知。因此,

消费者因付出时间而带来的损失感可能远远低于付出金钱带来的损失感。尤其是时间的支配更为灵活和自由。当消费者利用闲暇时间来参与企业社会责任活动时,此时的时间付出非但不是损失反而是收益。消费者可以通过闲暇时间的休闲娱乐获取意义、体现价值等。从收益感知层面来看,研究发现,消费者通过参与企业社会责任活动能够获得的收益主要包括获得幸福感、变得更快乐以及树立良好的社会自我形象和进行自我认可等(Ahn et al.,2020)。Mogilner、Whillans和Norton(2018)认为,与金钱的付出相比,消费者从时间的付出中能够获得更多的感知价值、对企业社会责任评价更高,并且更能增进与他人的社会联系。因此,相较于金钱型企业社会责任活动,消费者可能对时间型企业社会责任活动有着更模糊的成本感知和更高的收益感知,如更多的感知价值、更积极的企业社会责任评价与消费者参与意愿。

此外,实证研究结果佐证了时间型与金钱型企业社会责任活动会导致消费者不同的认知反应,并且时间型企业社会责任活动会带来更积极的企业社会责任评价和感知价值。一个精心设计的、富有意义且具备恰当参与方法的参与型企业社会责任活动更容易被消费者认为是纯粹的,因而能够引发消费者的积极情感、提高其参与意愿(Ellen et al.,2000;Hildebrand et al.,2017)。例如,Ellen、Mohr和Webb(2000)发现,相较于金钱付出的慈善捐款,消费者对时间付出的志愿服务等形式的企业社会责任活动给予了更积极的评价与感知价值。Lee、Zhang和Abitbol(2019)的企业社会责任研究中也报道了类似的结果,即消费者对时间型企业社会责任活动的评价更积极,并且更有利于建立与企业的亲近感、羁绊感和信任感以及有助于提升企业形象。又如,Lim(2019)的研究表明,时间型和金钱型企业社会责任活动中存在感知价值的差异。因此,我们推论,参与型企业社会责任活动类型对消费者感知价值和企业社会责任感知有显著影响。并且,消费者在时间型企业社会责任活动中的感知价值更高,对企业社会责任的评价也更好。研究假设如下所示:

H1:参与型企业社会责任活动类型影响消费者感知价值。即相较于金钱型企业社会责任活动,消费者从时间型企业社会责任活动中感知到更高的价值。

H2:参与型企业社会责任活动类型影响消费者对社会责任活动本身的认知(企业社会责任感知)。即相较于金钱型企业社会责任活动,消费者对时间型企业社会责任活动的评价更积极。

与金钱型企业社会责任活动相比,时间型企业社会责任活动可能会引发消费者更积极的行为反应。基于双加工理论可知,个体存在两个平行且相互作用的系统——理性系统和经验系统(Epstein et al.,1992),并且在不同的情境下进行决策时,会激活不同的信息加工模式(Saini et al.,2008)。理性系统建立在个体的意识层面,具有目的性、分析性、可述性以及无特定情感指向性等特点。依赖这一系统的个体倾向于根据理性的认知加工作出决策。相反,经验系统则建立在个体的潜意识层面,具有自动化、整体性、联想性、不可述性和情感指向性的特点。依赖该系统的个体往往基于直觉、情感和其他非理性因素作出决策。

鉴于时间具有内在模糊性,难以计算和解释,因此当消费者面对时间信息时会更加依赖情感的和启发式的经验系统来对其进行处理和加工(Saini et al.,2008)。换言之,面对时间型企业社会责任活动时,消费者倾向于通过经验系统来进行信息加工。企业社会责任活动作为善行会引发消费者的多种积极情绪,如幸福感和责任感。因此,时间型企业社会责任活动会极大地激发消费者的正向行为反馈,包括积极参与企业社会责任活动、进行消费及推荐活动等。相反,金钱是有形的、易于计算和分析的,并且可替代性强,因此消费者会更多地依赖分析性的理性系统来处理和加工与金钱相关的信息。这意味着,消费者面对金钱型企业社会责任时,通常会通过理性的认知来权衡参与企业社会责任活动带来的预期收益和需要付出的预期成本。当权衡的结果是预期收益小于成本付出时,消费者的参与意愿会降低甚至消失。

此外,实证研究结果佐证了上述逻辑推论。即时间型企业社会责任活动会带来更积极的消费者行为反应。学者们发现,激活消费者的时间观念可以有效提高个体的社会责任活动参与意愿和参与力度,诸如慈善捐赠行为、增加捐赠金额等(Zhang et al.,2019)。总体而言,参与型企业社会责任类型会直接影响消费者的参与意愿和品牌资产。其中,时间型企业社会责任活动的反响会更积极。基于此,我们提出如下研究假设:

H3:参与型企业社会责任活动类型影响消费者参与意愿。即相较于金钱型企业社会责任活动,消费者对时间型企业社会责任活动的参与意愿更高。

二、参与型企业社会责任中消费者感知价值的作用

价值反映的是一个人在生活中对什么是重要的和可取的信念的认知(Boccia et al.,2018;Kluckhohn,1951)。价值是个体思想和行为的基础(Schwartz,1994),每个个体都有自己独特的一套价值体系(Schwartz,1992)。消费者感知价值产生于消费者与企业、品牌、产品或服务等的互动(Holbrook,1999)。它可以被定义为"对产品或服务效用的总体评估"(Zeithaml,1988)。当消费者被要求参与企业社会责任活动时,对其参与有效性的评估将会带来感知价值。企业社会责任活动中的消费者感知价值是一个多维度的概念,如功利维度(如一件高质量的产品)、情感维度(如自我感觉良好、幸福感等)或社会维度(如获得社会的认可、获得尊重等)(Currás-Pérez et al.,2018)。重要的是,这些价值之间并不是相互排斥的关系;相反,它们可以在某一企业社会责任活动中同时被感知(Green et al.,2011)。因此,全面探索消费者感知价值的作用对于理解价值在企业社会责任,特别是参与型企业社会责任中的作用至关重要。

本研究运用Schwartz的价值理论来检验消费者感知价值的影响。Schwartz（1992，1994）通过在多个国家的调查研究探索了跨文化背景下个体普遍追求的价值。他认为，个体普遍追求的价值主要有两个维度：一个是自我提升与自我超越维度，另一个是乐于改变与保守维度。自我提升强调的是个人的成功和凌驾于他人之上的权力，包括成就价值和权力价值。自我超越体现的是对他人利益或社会共同福利的关心，包括普世主义价值和仁爱价值。乐于改变指的是个体以开放的心态进行独立思考和行动，如自我导向价值和激励价值，而保守则指坚持传统做法和保护安全与稳定，如遵从价值、传统价值和安全价值。享乐主义价值较为特殊，它既属于乐于改变维度，又属于自我提升维度。已有学者证实了Schwartz的价值理论在企业社会责任领域的适用性，但他们大多聚焦在普世主义价值或享乐主义价值等零星的一两种具体的价值种类上，而缺乏对两大对立维度的综合考察（Golob et al.，2019；Steg et al.，2014；Zasuwa et al.，2016）。鉴于此，我们同时研究自我提升与自我超越维度以及乐于改变与保守维度的价值，以期更全面地考察感知价值在企业社会责任中的作用。

鉴于消费者感知价值对个体行为决策的重要影响，其在企业社会责任中的作用已被广泛研究（Li et al.，2015）。首先，消费者感知价值与其对企业社会责任的认知与评价积极相关。以往研究表明，消费者感知价值积极影响企业社会责任感知。比如，Golob、Lah和Jančič（2008）基于Schwartz的价值理论，分析了消费者自我提升维度和自我超越维度的价值与企业社会责任各维度（即经济责任、伦理责任和慈善责任）认知间的关系。研究发现，具有高度自我提升价值的消费者对企业的经济责任期望较高，而具有高度自我超越价值的消费者对伦理责任和慈善责任表现出较高的期待，并且这种感知价值会正向影响其对企业社会责任的感知重要性（Golob et al.，2008）。

同时，消费者感知价值与其后续的行为意愿紧密相关。McCurley和Lynch（1996）研究发现，志愿服务活动能够满足消费者多样的价值需求，如成就感、掌控感、归属感、幸福感和独特性等，进而显著提高消费者的参与意愿。这表明，消费者感知价值能够正向积极影响其参与意愿。Zasuwa（2016）也声称企业社会责任中感知价值对消费者行为意愿有积极影响。此外，Steg、Perlaviciute和Van der Werff等（2014）研究发现，消费者感知价值，如享乐主义价值、刺激价值、成就价值、安全价值和普世主义价值，对塑造企业社会责任信念、偏好和行动至关重要。因此，在参与型企业社会责任中，消费者感知价值对企业社会责任感知和参与意愿均存在正向影响。据此，我们提出如下研究假设：

H4：在参与型企业社会责任中，感知价值正向影响企业社会责任感知。

H5：在参与型企业社会责任中，感知价值正向影响消费者参与意愿。

除了上述直接作用外，感知价值还可能影响消费者参与类型与企业社会责任感知和参与意愿之间的关系。Bhattacharya和Sen（2004）指出，企业社会责任活动有助于消费者感受到一种内在的、整体的幸福感。这种内在幸福感可以调节、修正消费者的外在行为,促使消费者主动参与企业的社会责任活动。与此同时,内在幸福感鼓励消费者购买和使用企业的产品和服务,有助于培养品牌忠诚度,进而提高企业的长期收益。Peloza 和 Shang(2011)以及 Green 和 Peloza(2011)通过定性的访谈研究后指出,企业社会责任活动的内容和类型会影响消费者感知价值,并且通过感知价值的中介作用,企业社会责任活动最终会带来积极的营销结果,包括增加消费者参与和购买意愿、获得消费者支持、建立口碑等。

此外,学者们还通过实证分析检验了感知价值的中介作用。比如,Park、Heo 和 Yoo(2005)探索了善因营销的作用机制,结果发现,消费者越意识到自己是社会责任活动的主体,其感知价值越高,对活动的满意度越高,营销效果越好。而 Chen 和 Lin(2019)则研究了社交媒体营销的有效性,确认了消费者感知价值的重要中介作用。考虑到善因营销和社交媒体营销在消费者积极参与这方面与参与型企业社会责任具有相似的属性,我们推论,这些研究结论同样适用于参与型企业社会责任。即感知价值是引发消费者积极认知和行为反应的关键中介变量。

综上所述,在参与型企业社会责任框架下,不同类型的企业社会责任活动对消费者企业社会责任感知和参与意愿产生影响,并且感知价值在其中起中介作用。鉴于此,我们提出如下研究假设:

H6:参与型企业社会责任活动类型通过感知价值间接影响企业社会责任感知。

H7:参与型企业社会责任活动类型通过感知价值间接影响消费者参与意愿。

三、消费者企业社会责任感知与参与意愿间的关系

企业社会责任感知是指消费者对企业的社会责任承诺以及其相关责任行为的评价、态度、认知反应等(Lacey et al.,2015)。通常消费者会通过多种渠道和途径了解和面对企业社会责任活动,企业是否能够通过社会责任活动获得营销回报甚至财务绩效取决于消费者如何感知企业社会责任活动(Bhattacharya et al.,2004)。

虽然部分学者将企业社会责任等同于企业社会责任感知,将这两个变量互换使用,但是,这两者之间存在本质差异,有必要加以区分使用。企业社会责任通常指的是企业实际的社会责任行动。比如,某企业为灾区抗震救灾进行了慈善捐赠,那么这个行为本身即为企业社会责任。与之不同的是,企业社会责任感知强调的是消费者对企业社会责任活动的认知与评价,而不是企业真实的社会责任行为本身。测量消费者对企业社会责任的评价与认知可以良好地预测消费者的后续行为(Bhattacharya et al.,2004),因此我们选择消费者企业社会责任感知作为研究变量。

既有研究显示,消费者的企业社会责任感知正向显著影响其购买意愿和忠诚度,从而增加企业竞争优势(Ruiz de Maya et al.,2016)。企业履行社会责任通常不仅会对企业自身产生积极影响(如增加消费者支持、提高消费者忠诚度、增强企业对负面信息的抵御能力等),还会为利益相关者带来积极结果(如与社区及非营利组织建立良好的合作伙伴关系、减少社会问题带来的压力等)。Grau 和 Folse(2007)以及 Folse、Niedrich 和 Grau(2010)认为消费者对企业社会责任的推论和感知对消费者参与企业社会责任活动的意愿起显著影响。当消费者对企业社会责任活动的评价越高,他们参与该活动的意愿也越强。因此,我们推论,消费者对企业社会责任的认知(即企业社会责任感知)正向显著影响其参与意愿。综上,我们提出如下研究假设:

H8:在参与型企业社会责任中,企业社会责任感知正向影响消费者参与意愿。

四、参与型企业社会责任中品牌资产影响因素分析

品牌资产指的是与企业的品牌、品牌名称和符号相关的一组品牌资产和负债的组合,并主要由品牌知名度、品牌忠诚度、感知质量和品牌联想四个维度构成。既有研究大多从宏观层面考察了企业社会责任对构建品牌资产的影响,包括Vlachos、Tsamakos 和 Vrechopoulos 等(2009),Lai、Chiu 和 Yang 等(2010),Hsu(2012),Hur、Kim 和 Woo(2014)。一般来说,以改善环境和社会为导向的企业社会责任活动对消费者的品牌感知和品牌评价具有积极影响(Holt et al.,2004)。此外,Park 和 Huh(2011)的研究也证实,企业社会责任活动对于构建企业的品牌资产具有重要的积极影响。因此,我们相信,参与型企业社会责任活动的开展对于构建品牌资产有着重要意义,其可能的影响因素主要有企业社会责任活动类型、消费者对企业社会责任活动的认知以及参与意愿等。

首先,参与型企业社会责任活动的类型可能是影响企业品牌资产构建的潜在因素。我们前期从微观层面考察了在参与型企业社会责任框架下构建企业品牌资产的作用机制。研究发现,消费者对企业社会责任的归因是品牌资产构建的重要决定因素。当企业社会责任归因被认为是内在的,对企业的品牌资产构建起积极效果。反之,如果企业社会责任被认为是外在的,即有追求自身利益的企图,则会给企业带来负面影响。此外,既有研究发现,面对企业社会责任时,消费者倾向于认为时间贡献比金钱贡献的目的更单纯、更利他(Hildebrand et al.,2017)。因此,消费者对时间型企业社会责任的动机归因可能更利他,而对金钱型企业社会责任的动机归因可能更利己。据此,我们推论,参与型企业社会责任中影响品牌资产构建的首要因素可能是企业社会责任类型,并且履行时间型企业社会责任时,更利于品牌资产的构建。

其次,消费者对企业社会责任的推论和感知(即企业社会责任感知)可能是影

响品牌资产构建的重要因素。学者们的实证分析结果佐证了我们的猜想。首先，Hur、Kim 和 Woo(2014)探索了韩国三星、现代、LG 和 SK 等四家企业的社会责任活动，并试图分析消费者企业社会责任感知的水平与品牌资产之间的关系。研究结果显示，企业社会责任感知对品牌资产有直接影响。该研究还发现，企业社会责任感知通过建立品牌信任和提升企业声誉，间接影响品牌资产。同时，Fatma、Rahman 和 Khan(2015)研究了印度商业银行的企业社会责任活动，也得出了类似的结论，即消费者企业社会责任感知不仅会直接影响品牌资产，还会通过信任的中介作用间接影响品牌资产。此外，Ji(2010)调查了消费者对连锁餐饮企业的社会责任活动的认知。结果显示，消费者对麦当劳、乐天、Outback、T.G.I. Friday 等四家企业开展的社会责任活动的感知对这些企业的品牌资产价值有积极影响。因此，我们推论，消费者企业社会责任感知积极影响品牌资产。

此外，我们在前期研究中，从社会认同理论的视角分析了消费者参与意愿与企业品牌资产间的关系。根据社会认同理论，个体倾向于将自己与他人划分为各种社会类别，如组织成员。通过参与企业社会责任活动，个体会感受到更多与他人、社会和企业的联系，继而增强社会认同感(Eccles et al.,2003)。研究发现，以高水平的消费者承诺和情感投入为代表的社会认同有助于提升与品牌资产密切相关的品牌知名度(Underwood et al.,2001)。实证研究结果证实了上述逻辑推论，发现了在参与型企业社会责任框架下，消费者的参与意愿与品牌资产呈正向显著相关。此外，Chae、Ko 和 Han(2015)在实证研究中也发现，消费者的参与不仅提高了客户忠诚度，而且对品牌资产产生了积极影响。

综上所述，在参与型企业社会责任框架下，责任类型、企业社会责任感知和参与意愿是影响品牌资产的因素。因此，我们提出如下研究假设：

H9：参与型企业社会责任活动类型影响品牌资产。即相较于金钱型企业社会责任，履行时间型企业社会责任的企业具有更多的品牌资产。

H10：在参与型企业社会责任中，企业社会责任感知正向影响品牌资产。

H11：在参与型企业社会责任中，消费者参与意愿正向影响品牌资产。

前文中，我们推论感知价值会显著影响消费者企业社会责任感知和参与意愿。结合上文的假设 H10 和假设 H11，我们推论，在参与型企业社会责任框架下，消费者感知价值可能会通过企业社会责任感知和参与意愿来影响品牌资产。已有研究也发现，企业通过对消费者意愿和认知的影响，将企业社会责任作为提升企业形象、构建品牌资产的工具(Bhattacharya et al.,2004；Brown et al.,1997)。因此，我们提出如下研究假设：

H12：在参与型企业社会责任中，感知价值通过企业社会责任感知间接影响品牌资产。

H13：在参与型企业社会责任中，感知价值通过参与意愿间接影响品牌资产。

五、参与型企业社会责任可能存在的边界条件——消费者自我建构

在与企业社会责任相关的文献中,消费者的个性特质可以使消费者对企业社会责任活动产生不同水平的期待感。研究发现,消费者的个性特质会影响消费者对企业社会责任活动的认知和评价,从而决定企业社会责任活动的成败(Green et al.,2011;Currás-Pérez et al.,2018;White et al.,2019)。自我建构是消费者重要的个性特质之一,在心理学上被解释为个体表现出的稳定的心理倾向性(独立型和互依型)。独立型自我建构水平高的消费者更重视个人目标,倾向于用不同于他人的、独特的属性来定义自己;互依型自我建构水平高的消费者更重视社会关系,倾向于在与他人的关系中定义自己(Markus et al.,1991)。

相较于独立型自我建构消费者,互依型自我建构消费者更加关注社会规范的建立与社会和谐的实现,看重社会整体福利的增加(Markus et al.,1991)。对于互依型自我建构消费者而言,不论参与型企业社会责任是哪种类型,其本身是有益于国家、社会或归属群体(如社区等)的活动。因此,基于价值获取视角,金钱型与时间型企业社会责任均能够使互依型自我建构消费者获得他人导向的社会价值,比如加强自身与他人、社会的关系,树立自身良好的社会形象,增加对社会自我的认可以及增加普世主义价值等。由此可知,互依型自我建构水平减小了金钱型与时间型企业社会责任间的差异。

相反,独立型自我建构消费者更加关注道德情感与判断的满足(Markus et al.,1991),即更加注重动机、过程的正当性与合理性,而非结果的普惠性。Qi、Qu和Zhou(2014)的研究也发现了类似的结果:独立型自我建构消费者对企业社会责任的光明面和阴暗面的反应更敏感。相较于时间型企业社会责任,金钱型企业社会责任更直白、明确地涉及消费者的金钱支出(购买产品或直接捐赠)。一旦消费者推论,企业履行社会责任是为企业自身服务时,将大大减少参与型企业社会责任所带来的积极的道德情感。与此相反,付出时间所带来的成本与损失更为模糊和复杂。消费者倾向于认为企业是出于为社会服务的动机履行社会责任,也因此更愿意从光明面看待企业社会责任,进而增加感知价值。因此,独立型自我建构水平加剧了参与型企业社会责任类型引发的消费者感知价值的差异性。

以往关注消费者自我建构在不同企业社会责任类型中的不同认知反应的研究,为分析自我建构在参与型企业社会责任类型的作用时提供了直接证据和理论基础。例如,Chen和Huang(2016)探索了不同自我建构水平的消费者对善因营销和一般慈善捐赠的不同响应。分析结果显示,独立型自我建构水平较高的个体对慈善捐赠表现出更积极的认知反应,而互依型自我建构水平较高的个体对善因营销和慈善捐赠的认知反应之间没有显著差异。由此可知,个体不同的自我建构(独

立型和互依型）水平对企业社会责任类型有着不同的认知反应，因而可能带来不同的结果。Han、Lee和An（2012）分析了企业社会责任类型对企业本身以及企业广告态度的影响。结果显示，独立型自我建构水平较高的消费者对专业领域相关的企业社会责任活动持肯定态度，并对该企业和其广告评价较高。相反，互依型自我建构水平较高的消费者，不论企业的社会责任活动是否与其专业相关，都不影响消费者对该企业及其广告的态度。基于这些研究，我们提出如下研究假设：

H14：自我建构在参与型企业社会责任活动类型与感知价值的关系中起调节作用。

第三节　概念模型构建

本节从近年来消费者积极参与企业社会责任活动这一现象出发，深入探索参与型企业社会责任的战略效果，并在此过程中分析其内在作用机制及可能存在的边界条件。本研究基于时间的内在模糊性理论将参与型企业社会责任分为时间型和金钱型两大类别。之后，基于消费者认知维度比较了上述两类参与型企业社会责任在消费者感知价值、企业社会责任感知上的差异，并进一步检验上述认知差异是否会对消费者参与企业社会责任活动的意愿产生影响。此外，我们还研究了企业社会责任类型的差异是否会对企业的品牌资产产生影响，以扩展参与型企业社会责任研究的深度。鉴于消费者感知价值涉及个人主观的态度与价值观念，可能受到消费者个性特质因素的影响，因此本节选取了自我建构作为调节变量，分析参与型企业社会责任类别与消费者认知（感知价值、企业社会责任感知）间的关系中可能存在的边界条件。

鉴于此，我们将参与型企业社会责任类型、消费者感知价值、企业社会责任感知、参与意愿、品牌资产、自我建构水平等变量作为本研究的核心变量，构建了如图4.1所示的理论模型。

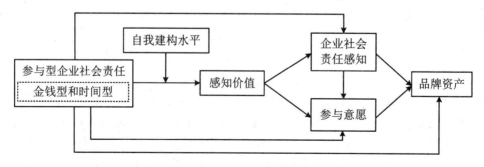

图 4.1　理论模型

第四节　实证研究设计

为了验证前述的研究假设,本研究经历了以下实证研究设计与过程(图4.2):首先,制作企业社会责任活动海报作为实验刺激,并以我国消费者为研究对象进行预测验,以确认被试对问卷内容的准确理解。然后,在上海进行正式实验,并将收集到的数据进行统计分析。

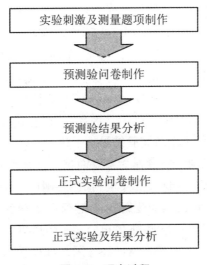

图 4.2　研究过程

一、实验设计

本研究采用两组组间因子实验设计,旨在比较和分析参与型企业社会责任类型对感知价值、企业社会责任感知、参与意愿以及品牌资产的影响。我们将参与型企业社会责任分为金钱型企业社会责任和时间型企业社会责任两类。金钱型企业社会责任指的是企业捐赠部分收益,而时间型企业社会责任类似于蚂蚁森林项目,以消费者的低碳生活方式来参与企业社会责任活动。所有被试首先阅读情境材料,之后回答变量测度问题,最后填写人口统计学情况。

根据研究目标,我们开发了实验所用的情境材料,包括企业简介和企业社会责任活动宣传海报。设计企业简介时,为了控制消费者对现实世界中真实企业的态度对结果的影响,并增加研究结果的普适性,我们在研究中采用了一个虚构企业,取名"安味"。而简介的内容则根据现实世界中存在的企业(即农夫山泉)进行改编,以增加沉浸感。

作为实验的引入部分,企业简介主要包括企业的经营范围、产品线以及旗下子公司正在开展的企业社会责任活动等。具体内容如下:安味集团是各类休闲食品及饮料制造企业,旗下有安味休闲咔、安味矿泉水、安味快乐饮等子公司。最近,子公司安味矿泉水正在积极开展"您消费/走路,我种树"公益活动。

企业社会责任活动类型主要是通过企业宣传海报来体现的。宣传海报中声称企业为履行社会责任正在进行某项公益活动,并邀请消费者参与。两张海报具有不同的企业社会责任类型(金钱型和时间型)。设计实验情境材料时,我们主要考虑了如下因素:

首先,本研究统一选择了环境保护作为企业社会责任活动的主题。近年来,环境问题日益突出,个人、组织和国家都广受环境问题的影响,因此消费者通常具备一定的环保意识(White et al.,2019)。通常,个体会对频繁接触的刺激(人或物)更加敏感。由于环境问题频发,消费者对该主题非常熟悉,这有助于他们在实验过程中集中注意力。同时,已有研究发现,不同的企业社会责任主题可能会引发消费者不同的认知反应(Ellen et al.,2000)。因此,我们在研究中统一使用环保主题,以控制不同企业社会责任主题对实验结果的干扰。

其次,本研究选择我国消费者作为实验对象。金钱型企业社会责任活动以善因营销为典型示例,出现时间早、发展较为成熟,国内外消费者都对其较为熟悉。时间型企业社会责任活动,因其出现时间较晚,部分消费者可能对其熟悉度相对较低。然而,在我国互联网龙头企业(如腾讯公司和阿里集团)的大力推动下,我国消费者对两类企业社会责任活动都非常熟悉。因此,以我国消费者为实验对象,可以有效预防因被试对企业社会责任活动类型不熟悉而带来的研究偏差。此外,我们还在海报中嵌入了虚拟企业的logo、二维码和网址,以提升真实性和增加沉浸感。

两组情境(即宣传海报)的唯一差异在于消费者参与类型不同,一组鼓励消费者步行(时间型),另一组鼓励消费者购买(金钱型)。除此之外,两个企业社会责任活动的内容完全相同(图4.3、图4.4)。

两张海报的内容依据真实存在的企业和其社会责任活动进行了改编,以进一步增加真实性。首先,金钱型企业社会责任活动的海报内容参考了农夫山泉的"一分钱公益"活动。主体内容包括企业开展社会责任活动的目的、参与流程以及参与攻略等。涉及参与流程时,海报中突出了金钱属性,即消费者通过花费金钱(购买产品)来参与活动,并具体解释了参与流程和参与攻略以加深消费者对参与方式的理解。

时间型企业社会责任活动的海报设计参考了阿里集团的蚂蚁森林项目。主体内容同样包括企业开展社会责任活动的目的、参与流程以及参与攻略等。时间型企业社会责任活动中的参与流程突出了时间属性,即消费者通过付出时间(走路)

来参与。同样，海报中包括了参与流程和参与攻略以加深消费者对参与方式的理解。

图 4.3　金钱型企业社会责任活动海报

注：此为笔者为本书研究而虚构的案例，故二维码及网址是虚构的，后文此类情况不再赘述。

图 4.4　时间型企业社会责任活动海报

二、预测验及分析

为了确认实验情境材料的有效性与合理性，我们进行了预测验。同时，预测验的另外两个目的是确认消费者在企业社会责任活动中的价值维度感知以及检验我国消费者作为研究对象的配适度问题。在预测验之前，我们对预测验中所使用的问卷进行了修改和完善，以排除问卷中可能存在的语言及逻辑问题。

首先,征询专家的建议。我们向某校管理学院的3名营销学专家和2名管理学专家征询实验情境资料设计中的设计思路、研究逻辑、题项设置、整体设计框架等方面的意见,根据专家的意见与建议进一步修改和完善问卷。此外,就Schwartz(1992,1994)的价值分类,我们在征询了专家的意见后,从10种价值类别中选择了刺激价值、享乐主义价值、安全价值、成就价值、普世主义价值5种价值。其次,对管理学专业学生进行半结构式访谈。我们向管理学院的5名硕士生、3名博士生进行了面对面的半结构式访谈,主要是为了确认初步设计的问卷中语言表达是否清晰准确,题项选择与设计是否合理,是否需要重新设定、补充和删减相关题项。最后,听取普通消费者意见。我们就问卷内容与3位普通消费者进行沟通,再次确认问卷的合理性以及与实际的相符性,将过于学术化的表达改为容易被消费者理解的说法,使问卷继续完善,从而形成预测验问卷。

我们借助我国最大的在线调查平台问卷星将预测验所用问卷线上化,采用滚雪球抽样方式进行了数据收集,即先通过邮件、微信等将线上问卷的链接发给家人、同学、朋友和亲属,然后请他们将问卷链接转发给他们的亲朋好友。最终回收了与金钱型企业社会责任活动相关的47份问卷和与时间型企业社会责任活动相关的50份问卷,共计97份问卷。

预测验样本中男女比例均衡,其中男性49人(50.5%),女性48人(49.5%)。年轻人居多,73人(75%)在30岁以下,样本平均年龄为28岁。地域分布较为集中,其中安徽省45人(46.4%),上海市22人(22.7%)。受教育程度偏高,本科及以上学历占比超90%。具体见表4.1。

表4.1 样本的描述性统计——预测验

区分	组别	频数	占比
性别	男	49	50.5%
	女	48	49.5%
年龄	30岁以下	73	75%
	30~40岁	19	20%
	40岁以上(不包括40岁)	5	5%
地区	安徽省	45	46.4%
	上海市	22	22.7%
	其他地区	30	30.9%
学历	大专及以下	9	9.2%
	本科	45	46.4%
	硕士	31	32%
	博士	12	12.4%

续表

区　分	组　别	频　数	占　比
是否听说过企业社会责任	有过	87	89.7%
	没有	10	10.3%
是否参与过企业社会责任活动	有过	56	57.7%
	没有	41	42.3%
合　计		97	100%

在预测验中,我们通过问题"你听过海报中类似的公益活动吗?"来了解被试对参与型企业社会责任活动的认知水平。整体而言,被试对于参与型企业社会责任活动普遍较为熟悉。在全部 97 名被试中,有 87 名被试听说过参与型企业社会责任活动。具体到参与型企业社会责任活动的类别,金钱型企业社会责任活动的 47 名被试中,43 名表示曾听说过类似的活动;时间型企业社会责任活动 50 名被试中,44 名表示曾听说过类似的活动($N_{金钱型} = 43$ 名,$N_{时间型} = 44$ 名)。更重要的是,使用 t 检验进行数据分析后发现,被试对于不同的企业社会责任活动类型(金钱型和时间型)的熟悉度之间没有显著差异($t = -0.56, p = 0.58$)。相似的熟悉度在一定程度上控制了因熟悉度不同而产生的研究偏差。

同时,我们通过问题"你参与过海报中类似的公益活动吗?"调查了被试对参与型企业社会责任活动的参与经历。我们发现,被试对参与型企业社会责任活动整体上有一定的参与经历。在全部 97 名被试中,有 56 名($N_{金钱型} = 30$ 名,$N_{时间型} = 26$ 名)表示参与过相关的企业社会责任活动。根据分析结果,我们还发现在不同的企业社会责任活动类型(金钱型和时间型)之间,被试的参与经验没有显著差异($t = -1.18, p = 0.24$)。参与经验的无差异性有效控制了因参与度不同而产生的研究偏差。

由此可知,被试对于金钱型和时间型两种参与型企业社会责任活动都具有较高的认知度和一定的参与度,并且两组间的差异不大。这不仅为后续正式实验的开展奠定了基础,也为本研究选取我国消费者作为实证分析对象提供了实证证据。

此外,预测验通过问题"参加问卷中提到的企业社会责任活动:① 需要现金的分享;② 需要付出时间"检验了实验操控是否成功。结果发现,金钱型企业社会责任活动组别的被试大多选择了"① 需要现金的分享",而时间型企业社会责任活动组别的被试选择较多的是"② 需要付出时间",并且两个组别间的得分有显著差异($M_{金钱型} = 1.47, M_{时间型} = 1.96, p = 0.000$)(表 4.2)。由此可知,情境材料操作成功,消费者从代表金钱型企业社会责任活动的"一分钱公益"海报中感知了更多金钱上的支出,从代表时间型企业社会责任活动的走路公益海报中感知了更多时间上的付出。

表 4.2　实验操控检验——预测验

参与型企业社会责任活动类型	得分（平均值）	标准差	均值差	t 值
金钱型	1.47	0.5	-0.49	-6.25***
时间型	1.96	0.2		

注：*** 表示在 0.01 的水平上显著。

三、变量设置与测度

根据本节的概念模型和研究假设，被解释变量为品牌资产，解释变量为参与型企业社会责任类型，中介变量为感知价值、企业社会责任感知、参与意愿，调节变量为自我建构。除了参与型企业社会责任类型之外，所有变量采用 7 级李克特评价方法进行测度。

（一）参与型企业社会责任活动类型

Lee、Yoon 和 Jang(2017)对旅游业的参与型企业社会责任活动进行了定义，认为这是旅行社为了实现社会所追求的有价值的目标，努力承担起社会各个方面的责任，并因此开展使（潜在）游客成为主体的多样化履责活动。本研究采用上述定义，认为参与型企业社会责任是企业为了实现社会所追求的价值目标而与消费者携手共同承担起的社会责任行为。其典型特征是以消费者为履责主体。按照投入资源划分为金钱型企业社会责任和时间型企业社会责任两种活动类别。由此可知，参与型企业社会责任活动类型为二分类变量，本研究将金钱型与时间型企业社会责任分别赋值 0 和 1。

（二）感知价值

本研究在 Schwartz(1992,1994)的价值分类基础上，参考了 Sweeney 和 Soutar(2001) 和 Cheng、Chen 和 Hung-Baesecke 等(2019)的研究，将感知价值(perceived value,PV)定义为消费者感知到的多维效用。同时，我们通过刺激价值、安全价值、享乐主义价值、成就价值和普世主义价值这五个维度来测度感知价值，具体测量项目见表 4.3。测度消费者感知价值的 16 个题项采取 7 级李克特评价方法，其中"1"表示非常不同意，"7"表示非常同意；从"1"到"7"表示消费者认为企业宣传海报中的社会责任活动具备的刺激价值、安全价值、享乐主义价值、成就价值以及普世主义价值越来越大，被试需要根据企业的实际符合程度进行打分。

表 4.3 感知价值测量项目

价值类型	序号	测量项目	参考依据
刺激价值	PV1	新颖的方式	Schwartz(1992,1994);Sweeney 和 Soutar(2001);Cheng、Chen 和 Hung-Baesecke 等(2019)
刺激价值	PV2	对新鲜事物的尝试	
刺激价值	PV3	为平淡的生活增添生机	
安全价值	PV4	维持生存环境的安全与稳定	
安全价值	PV5	有益身心健康	
安全价值	PV6	促进与亲朋好友间的互动,增强归属感	
享乐主义价值	PV7	快乐	
享乐主义价值	PV8	生活的小确幸	
享乐主义价值	PV9	生活的点滴乐趣	
成就价值	PV10	体现自己的环保意识	
成就价值	PV11	体现自己的环保能力	
成就价值	PV12	增强自我成就感	
成就价值	PV13	树立个人形象	
普世主义价值	PV14	保护环境	
普世主义价值	PV15	关爱自然	
普世主义价值	PV16	人与自然和谐统一	

资料来源:笔者整理。

(三) 企业社会责任感知

Lacey、Kennett-Hensel 和 Manolis(2015)将企业社会责任感知定义为消费者对企业履行各种与企业社会责任相关的承诺所进行的活动的认知。本研究以此定义为基础,对 Maignan(2001)和 Baskentli(2019)的研究中使用的测量项目根据本研究的目的进行了适当的修订后加以使用。具体来说,测量题项包括"安味矿泉水在做好事(CSR1)""安味矿泉水帮助解决环境问题(CSR2)""安味矿泉水将企业资源(人力、物力、财力等)分配给公益活动(CSR3)""安味矿泉水是努力履行社会责任的企业(CSR4)"共 4 个项目。测度消费者企业社会责任感知的 4 个题项采取 7 级李克特评价方法,其中"1"表示非常不同意,"7"表示非常同意;从"1"到"7"表示消费者对企业社会责任的感知程度越来越高,被试需要根据企业的实际符合程度进行打分。

（四）参与意愿

Grau 和 Folse(2007)定义了消费者参与意愿(participation intention,PI),即促使消费者进行捐赠或参与非盈利慈善活动的行为意愿或想法。基于 Grau 和 Folse(2007)以及 Folse、Niedrich 和 Grau(2010)的研究,本研究选取了 5 个测量项目。具体来说,测量题项包括"我认为参与该活动是个好主意(PI1)""我有参与该公益活动的意愿(PI2)""我可能会扫描二维码或登录网站来了解更多关于该活动的信息(PI3)""我会考虑通过扫描二维码/购买矿泉水来参与该活动(PI4)""我会考虑将该活动推荐给别人一起来参与(PI5)"。测度参与意愿的 5 个题项采取 7 级李克特评价方法,其中"1"表示非常不同意,"7"表示非常同意;从"1"到"7"表示消费者愈发希望参与到企业社会责任活动中,被试需要根据企业的实际符合程度进行打分。

（五）品牌资产

品牌资产可以被定义为：与具有相同品质和功能的其他企业产品相比,能够让消费者识别本企业的产品和服务,并体现出竞争优势(Aaker,1991)。本研究修订了 Heinberg、Qzkaya 和 Taube(2018)的测量项目,以适用于本研究中品牌资产变量的测度。具体来说,"如果产品一样,那么选择安味而不是其他品牌是富有意义的(BE1)""选择安味是有一定道理的,尽管它与其他品牌没有差异(BE2)""即使其他品牌和安味一样好,我认为选择安味似乎更明智(BE3)""要是安味和其他品牌没有不同之处,我更愿意选择安味(BE4)"。测度品牌资产的 4 个题项采取 7 级李克特评价方法,其中"1"表示非常不同意,"7"表示非常同意;从"1"到"7"表示品牌资产得分越来越高,被试需要根据企业的实际符合程度进行打分。

（六）自我建构

本研究以 Singelis(1994)开发的自我建构(self-construal,SC)量表为基础,并参考了王裕豪、袁庆华和徐琴美(2008)以我国消费者为对象实施的测度结果,对自我建构进行了测度。本研究对自我建构的两个维度,即独立型自我建构和互依型自我建构,各使用了 6 个测量项目进行了测度,具体测量项目见表 4.4。测度自我建构的 12 个题项采取 7 级李克特评价方法,其中"1"表示非常不同意,"7"表示非常同意;从"1"到"7"表示消费者的独立型自我建构和互依型自我建构得分越来越高,被试需要根据自身的实际符合程度进行打分。

表 4.4　自我建构测量项目

区　分	序号	测　量　项　目	参　考　依　据
互依型 自我建构	SC1	尊重集体的决定是重要的	Singelis（1994）； 王裕豪、袁庆华和 徐琴美（2008）
	SC2	为了集体的利益,我会牺牲自己的利益	
	SC3	与他人维持一种融洽的关系非常重要	
	SC4	保持良好的人际关系比我自己取得成绩更重要	
	SC5	我尊重那些谦虚的人	
	SC6	周围人的快乐就是我的快乐	
独立型 自我建构	SC7	我乐意在许多方面与众不同	
	SC8	独立于他人的个性特点非常重要	
	SC9	保持活跃的想象力很重要	
	SC10	与刚认识的人交往时,我喜欢直截了当	
	SC11	无论和谁在一起,我的表现始终一样	
	SC12	当被单独夸奖或奖励时,我会感到舒服	

资料来源:笔者整理。

（七）控制变量:态度和感知动机

为了进行实验操控,海报中金钱型和时间型两种类型的参与型企业社会责任活动的内容有些许不同,如用词用语稍有不同等。这些微小的差异,可能会引起研究偏差。同时,对两种不同的公益活动本身的态度与偏好,也可能会影响研究结果。因此,本研究通过态度变量来控制上述偏差的产生。

另外,消费者对企业社会责任活动的动机推论会影响其对企业社会责任活动本身甚至对企业的认知,继而引发消费者的支持或抵制行为（Pai et al., 2015; Vlachos et al., 2009）。为了防止不同类别的参与型企业社会责任在消费者感知价值过程中受到动机推论的影响,本研究将消费者感知动机作为控制变量加以测度。

态度（attitude, AT）和感知动机（perceived motivation, PM）的测量均采用 7 个评定等级的语义差异量表评价方法。具有相反含义的两个词语或句子代表了一个维度,按照性质维度从坏到好的顺序分别记为 1~7 分。得分越靠近"1",说明消费者对公益的态度越差,对企业履行社会责任的动机推测越偏向于自私自利,被试需要根据企业的实际符合程度进行打分。

控制变量测量项目见表 4.5。

表 4.5 控制变量测量项目

变量	序号	测量项目	参考依据
态度	AT1	不喜欢/喜欢	Folse、Niedrich 和 Grau(2010)
	AT2	消极/积极	
	AT3	不好/好	
	AT4	没好感/有好感	
感知动机	PM1	动机不纯/动机单纯	Szykman、Bloom 和 Blazing(2004); Folse、Niedrich 和 Grau(2010)
	PM2	为企业服务/为社会服务	
	PM3	不关心社会/关心社会	
	PM4	自私自利/无私奉献	
	PM5	主动承担/被动履行	
	PM6	防御性的/前瞻性的	

资料来源：笔者整理。

四、数据收集与分析方法

（一）实验实施与数据收集

考虑到问卷编写语言是中文，我们首先需要对其语言构成进行审视和检查，以排除问卷中可能存在的语言问题。与预测验类似，我们首先征询了多名专家的建议，并根据反馈意见对问卷进行修订。其次，通过对管理学专业学生的半结构式访谈，对正式实验中所使用的纸质版问卷从整体问卷结构、逻辑框架、语言表述等多方面进行完善。最后，通过对普通消费者的面对面访谈，在确保问卷中的语句表达符合中文表达习惯的同时提高问卷的合理性。

本研究在上海市各大图书馆进行了研究实验的实施，包括上海市图书馆、上海市浦东新区图书馆、上海交通大学徐汇图书馆和上海科学技术大学中央图书馆等。选择图书馆作为实验场所主要考虑了如下因素：首先，图书馆中潜在的被试数量比较多，人口结构较为多样，抽样比较方便；其次，在图书馆逗留的个体通常时间不紧迫，因此可能有较高的问卷回复率；再次，相较于超市、百货公司等场所，图书馆不允许发出很大的噪音，被试可以集中注意力来填写问卷而不受其他个人或物体的干扰；最后，图书馆的温度适宜，为被试完成问卷提供了良好的环境。因此，相较于其他场所，在图书馆中进行问卷调查，有助于提高问卷响应率，并获得较为真实可信的数据。

实验参与人员的募集过程如下：首先，研究人员（包括研究者本人和研究辅助人员）向被试表明身份，并对实验作简要介绍；之后，实验人员仅针对那些对本实验感兴趣且表明参与意愿的人群进行实验相关的具体说明,包括研究目的、研究内容、实验参与方法等。实验结束后,向被试提供答谢品(圆珠笔、文件夹等办公用品),以示感谢。

本研究通过问卷调查的方式来进行实验数据收集。测量问卷包含五个部分:第一部分是问卷说明。被试被告知研究人员正在进行对企业社会责任的认知与行为意愿的学术研究,需要了解他们的想法和意见,并且他们的意见没有对错之分。第二部分是情境材料与操控检验问题。被试需要首先阅读实验情境材料,包括企业简介和正在进行中的企业社会责任活动海报。之后,让被试对企业社会责任的类型进行判断,检查时间型和金钱型企业社会责任的操控结果。第三部分是对研究变量的测量。被试要根据所阅读的情境材料回答与参与型企业社会责任活动的感知价值、企业社会责任感知、参与意愿、自我建构、品牌资产、感知动机和态度相关的问题。第四部分是对被试个体特性的测量,主要测度的是被试互依型和独立型自我建构的水平。第五部分是对被试个人信息的收集,包括性别、年龄、工作、收入等。问卷具体内容参见附录一和附录二。

问卷调查时间为2019年6月至8月,共募集实验参与人员429人,发放问卷429份,有效回收411份。问卷回收率较高,可能是出于以下两点原因:一是由经验丰富的研究人员进行实地的线下现场实验,避免线上实验所带来的低应答率问题;二是本研究选择的实验场所为图书馆,被试参与实验的客观环境良好,同时也便于研究人员进行问卷分发和收集。

(二)数据分析方法

完成问卷收集后,本研究运用 SPSS 18.0 和 AMOS 22.0 等软件进行统计分析。数据分析工作主要包括描述性统计分析、实验操控检验、量表评估、研究假设检验四个方面。描述性统计分析主要是对数据的基本特征、样本分布情况和变量之间的关系进行初步分析;实验操控检验主要是检验实验情境材料的设计是否成功;量表评估是对变量测量题项组成的量表的效度和信度进行检验;研究假设检验是对本研究提出的相关假设进行验证。涉及的具体分析方法和指标评价标准包括以下内容:

1. 描述性统计分析

本研究主要通过频率分析(frequency analysis)对被试和相关变量的基本情况进行描述性统计。被试的基本情况包括性别、学历、职业、收入等。相关变量包括感知价值、企业社会责任感知、参与意愿、自我建构、品牌资产、感知动机、态度等。本研究对相关变量的均值、标准差、偏度和峰度等基本情况进行分析。此外,本研究采用皮尔森(Person)相关分析方法对变量进行了初步的相关分析。

2. 实验操控检验

本研究主要通过独立样本 t 检验对两个实验组(金钱型和时间型企业社会责

任活动)进行了操控检验。通过两组独立样本的均值比较,检查均值之间的差值在统计学上的显著性,进而明确实验操控是否成功。

3. 信度分析

本研究在成熟量表的基础上经过修改、翻译与润色形成了测量量表。因此,对于通过测量量表收集到的数据需要首先确认该数据的有效性与可靠性。换言之,需要对数据进行信度分析与效度分析。信度(reliability)是指测量的可信程度,主要表现为测量结果的一贯性、一致性、再现性和稳定性。信度分析的方法主要有重测信度法、复本信度法、折半信度法、α 信度系数法。α 信度系数法,即克隆巴赫系数(Cronbach's α)法,是目前最常用的信度评价标准。因此,本研究采用 α 信度系数法对感知价值、企业社会责任感知、参与意愿、自我建构、品牌资产、感知动机、态度等变量进行信度检验。通常情况下,当 α 系数大于 0.7 时,意味着研究结果是可以被接受的,但当该系数低于 0.4 时,则意味着必须拒绝研究结果。

4. 效度分析

本研究主要对感知价值、企业社会责任感知、参与意愿、自我建构、品牌资产、感知动机、态度等变量进行效度检验。效度分析主要包括内容效度(content validity)、结构效度(construct validity)、区分效度(divergent validity)和聚合效度(convergent validity)。其中,内容效度主要指问卷整体内容的合理性与逻辑性等。如前所述,本研究所涉及变量的测量题项主要来源于既有研究的成熟量表。同时,在问卷设计的过程中,已经获得过同领域专家的点评与认可等。因此,本研究使用的量表基本满足内容效度要求。

对于结构效度,本研究采用探索性因子分析来确定,如果因子输出结果显示测量题项与变量之间的对应关系与预期一致,则说明结构效度良好。本研究主要对感知价值、企业社会责任感知、参与意愿、自我建构、品牌资产、感知动机、态度等变量进行结构效度检验。在进行结构效度分析时,因子载荷(factor loading)通常需要达到 0.5 及以上才有比较理想的解释意义。在不同的文化或者情境下,个别题项可能不适用于研究变量的测量,因此为了提高结构效度,该类题项应予以删除。当因子载荷或公因子方差提取值过低及出现跨因子载荷时,会影响结构效度。因此,本研究设置了如下调整测量题项的原则。一是将所有因子上的载荷均小于 0.5 的题项予以删除;二是将两个或两个以上因子上的载荷均大于 0.5 的题项予以删除;三是将两个或两个以上因子上的载荷差异过小的题项删除;四是将公因子方差提取值小于 0.4 的题项予以删除。

此外,在探索性因子分析之前,需进行 KMO(Kaiser-Meyer-Olkin)值和 Bartlett 球形检验,以检验是否适合进行因子分析。通常,能够进行因子分析的普遍原则是:KMO 值小于 0.5 时,不适合进行因子分析;KMO 值为 0.5~0.6 时,不太适合进行因子分析;KMO 值为 0.6~0.7 时,属于普遍情况(介于适合与不适合之间);KMO 值为 0.7~0.8 时,基本适合进行因子分析;KMO 值为 0.8~0.9 时,适合进行因子分析;KMO 值大于 0.9 时,非常适合进行因子分析。Bartlett 球形检验则主要看 P 值是否通过显著性检验。

效度分析中的区分效度和收敛效度均采用验证性因子分析来确认。首先,区分效度,又称判别效度或区别效度,强调本不应该在同一因子下面的测量项确实不在同一因子下面。在进行区分效度分析时,需首先运用验证性因子分析,计算出 AVE(average variance extracted)根号值。之后,结合相关分析中的相关系数进行数据间对比。如果 AVE 根号值大于相关系数最大值,则说明具有良好的区分效度。

聚合效度,又称聚敛效度、收敛效度,强调本应该在同一因子下面的测量项确实在同一因子下面。验证性因子分析在进行收敛效度分析时,可使用 AVE 和 CR (critical ration)这两个指标进行分析,如果每个因子的 AVE 值大于 0.5,并且 CR 值大于 0.7,则说明具有良好的收敛效度;同时一般还要求每个测量项对应的因子载荷系数值大于 0.7。

5. 结构方程模型分析

为了验证研究模型的拟合度和研究假设,本研究进行了结构方程模型 (structural equation model,SEM)分析,需要对模型拟合情况进行检验。其目的在于判断概念模型的合理性,即提出的概念模型与观察数据之间的切合程度。根据模型拟合中各拟合指标的值对理论模型的优劣进行评估。主要的拟合指标有 χ^2/df、GFI、AGFI、RMSEA、NFI、CFI 和 TLI 等,通常当卡方与自由度的比值 (χ^2/df)为 1~3,RMSEA 值小于 0.9,其他指标值大于 0.9 时,可以认为模型的拟合效果良好。如果拟合验证指数显示模型拟合状况不尽如人意,那么需要对模型内部变量间的作用关系路径稍作修正,以达到最佳拟合结果。经过修正后方可继续进行后续的假设检验等工作,最终确定模型中各变量间的路径关系和效应强度。检验假设时,我们综合运用了多种分析方法进行了验证。比如,变量间的直接效应运用了路径分析,调节作用运用了多群组分析,中介作用运用了 Bootstrapping 等。

第五节 数据分析与假设验证

本研究采用 SPSS 18.0 和 AMOS 22.0 统计分析软件,利用探索性因子分析、验证性因子分析、结构方程建模、路径分析、Bootstrapping、多群组分析等方法对数据进行了分析和验证。

一、描述性统计分析

本研究对正式实验阶段回收的 411 份有效问卷进行了描述性统计分析。主要包括两方面内容:一是对被试的性别、学历、职业、收入等基本情况进行描述性统计;二是对感知价值、企业社会责任感知、参与意愿、自我建构、品牌资产、感知动机、态度等变量进行描述性统计。通过描述性统计,本研究对有效样本的基本情况有了整体了解和把握。

(一) 样本的描述性统计

在回收的411份有效问卷中,男女比例分布较为均匀。其中,男性被试有198人,占总样本的48.2%;女性被试有205人,占总样本的49.9%。另有8人未填写性别,占总样本的1.9%。具体见表4.6。

表4.6 被试的性别分布

性 别	频 数	百 分 比	有效百分比
男	198	48.2%	48.2%
女	205	49.9%	49.9%
未填写	8	1.9%	1.9%
合计	411	100%	100%

在回收的411份有效问卷中,40岁以下的中青年居多,占总样本的90.5%。其中,25岁以下的被试有136人,占总样本的33.1%;25~29岁的被试有129人,占总样本的31.4%;30~39岁的被试有107人,占总样本的26%;40岁及以上的被试有39人,占总样本的9.5%。具体见表4.7。

表4.7 被试的年龄分布

年 龄	频 数	百 分 比	有效百分比
<25岁	136	33.1%	33.1%
25~29岁	129	31.4%	31.4%
30~39岁	107	26%	26%
≥40岁	39	9.5%	9.5%
合计	411	100%	100%

在回收的411份有效问卷中,被试的受教育程度普遍较高,拥有本科及以上学历的被试占比超过80%。其中,受教育程度为高中及以下的被试有42人,占总样本的10.2%;受教育程度为大专的被试有22人,占总样本的5.4%;受教育程度为本科的被试有221人,占总样本的53.8%;受教育程度为研究生及以上的被试有111人,占总样本的27%。另有15人的受教育程度未知,占总样本的3.6%。具体见表4.8。

表 4.8 被试的受教育程度分布

教育程度	频 数	百分比	有效百分比
高中及以下	42	10.2%	10.2%
大专	22	5.4%	5.4%
本科	221	53.8%	53.8%
研究生及以上	111	27%	27%
未填写	15	3.6%	3.6%
合计	411	100%	100%

在回收的 411 份有效问卷中,被试的职业较为多样化。相对而言,被试中公司职员较为常见,共 158 人,占总样本的 38.4%;其次是在校学生,被试中共有 102 人为在校学生,占总样本的 24.8%;职业为事业单位或政府机关工作人员的被试有 42 人,占总样本的 10.2%;职业为自由职业者的被试有 36 人,占总样本的 8.8%;职业为其他的被试有 73 人,占总样本的 17.8%。具体见表 4.9。

表 4.9 被试的职业分布

职 业	频 数	百分比	有效百分比
在校学生	102	24.8%	24.8%
公司职员	158	38.4%	38.4%
事业单位或政府机关工作人员	42	10.2%	10.2%
自由职业	36	8.8%	8.8%
其他	73	17.8%	17.8%
合计	411	100%	100%

在回收的 411 份有效问卷中,被试的月收入水平分布较为均匀。月收入低于 3000 元的被试有 32 人,占总样本的 7.8%;月收入为 3001~6000 元的被试为 34 人,占总样本的 8.3%;月收入为 6001~9000 元的被试有 64 人,占总样本的 15.6%;月收入为 9001~12000 元的被试有 79 人,占总样本的 19.2%;月收入为 12001~15000 元的被试有 31 人,占总样本的 7.5%;月收入为 15001~20000 元的被试有 28 人,占总样本的 6.8%;月收入超过 20000 元的被试有 36 人,占总样本的 8.8%。未填写(包括学生)月收入的被试一共 107 人,占总样本的 26%。具体见表 4.10。

表 4.10 被试的月收入分布

月 收 入	频 数	百 分 比	有效百分比
＜3000 元	32	7.8%	7.8%
3000～6000 元	34	8.3%	8.3%
6001～9000 元	64	15.6%	15.6%
9001～12000 元	79	19.2%	19.2%
12001～15000 元	31	7.5%	7.5%
15001～20000 元	28	6.8%	6.8%
＞20000 元	36	8.8%	8.8%
未填写(包括学生)	107	26%	26%
合计	411	100%	100%

(二) 变量的描述性统计

描述性统计分析是对已经初步整理的数据资料进行加工,用数学语言表达数据特征的一种技术。表 4.11 是对感知价值、企业社会责任感知、参与意愿、自我建构、品牌资产、感知动机、态度等变量的描述性统计值。最常见的描述性统计指标有平均值、标准差、偏度和峰度等。平均值和标准差反映样本数据的集中和离散程度。其中,平均值是最常见的表示数据集中趋势的统计值。标准差是样本数据相对于平均值的离散程度,反映数据之间的分布情况。偏度系数和峰度系数是关于整个样本数据集的分布形态的描述性统计量,偏度系数表示数据分布的偏斜方向和程度,峰度系数则显示分布曲线尖峭或扁平的程度。

偏度系数用来度量样本数据分布是否对称。一般来说,正态分布左右是对称的,偏度系数为 0;较大的正值表明该分布向右偏斜,右侧具有较长的尾部;较大的负值表明该分布向左偏斜,左侧具有较长的尾部。峰度系数用来度量数据在中心的聚集程度,峰度是用来反映频数分布曲线顶端尖峭或扁平程度的指标。在正态分布情况下,峰度系数值为 0;正的峰度系数说明观察量更集中,有相对尖锐的分布;负的峰度系数说明观察量不那么集中,有相对平坦的分布。此外,偏度系数与峰度系数可用来判断样本数据是否符合正态分布。根据 Hong、Malik 和 Lee (2003)的研究,数据呈现正态分布的条件是偏度的绝对值小于 2,峰度的绝对值小于 4。根据表 4.11 中的描述性统计分析结果,本研究中的数据均呈正态分布。

表 4.11 感知价值的描述性统计结果

变量	类别	序号	平均值	标准差	偏度系数	峰度系数
感知价值	刺激价值	PV1	4.99	1.809	-0.732	-0.428
		PV2	4.95	1.723	-0.692	-0.367
		PV3	4.87	1.575	-0.666	-0.035
	安全价值	PV4	5.36	1.458	-0.951	0.726
		PV5	5	1.709	-0.72	-0.252
		PV6	4.54	1.715	-0.4	-0.573
	享乐主义价值	PV7	4.97	1.435	-0.584	0.202
		PV8	4.97	1.474	-0.675	0.169
		PV9	5.09	1.508	-0.767	0.199
	成就价值	PV10	5.45	1.48	-1.173	1.212
		PV11	5.19	1.552	-0.87	0.388
		PV12	4.96	1.63	-0.754	0.056
		PV13	4.78	1.62	-0.62	-0.083
	普世主义价值	PV14	5.7	1.41	-1.297	1.715
		PV15	5.72	1.4	-1.322	1.793
		PV16	5.57	1.451	-1.1	0.938

感知价值包含了刺激价值、安全价值、享乐主义价值、成就价值、普世主义价值等，因此本研究对测量题项逐一进行了描述性统计分析。根据表 4.11 可知，所有感知价值测量题项的平均值超过了 4 分，说明所有被试都认可参与型企业社会责任活动具有较高价值。其次，在所有价值中，普世主义价值的均值最高，说明被试大多认为参与型企业社会责任活动最能带来的价值是普世主义价值。此外，普世主义价值的标准差相较于其他价值而言最低，说明被试相互之间的差别较小，大家具有较为类似的认知。

在所有感知价值中，偏度系数绝对值最大的是 -1.322（小于 2），峰度系数绝对值最大的是 1.793（小于 4），说明样本数据符合正态分布。并且在所有测量题项中，偏度系数均为负数，说明样本数据构成的正态分布整体稍微向左侧偏斜。此外，在峰度系数中，享乐主义价值和普世主义价值的峰度系数为正数，刺激价值的峰度系数为负数，安全价值和成就价值的峰度系数有正有负。这说明 5 类价值的数据集聚程度不同。相对而言，享乐主义和普世主义样本数据的聚集程度较高，有较为高耸的分布，而安全价值样本数据有相对平坦的分布。

企业社会责任（corporate social responsibility，CSR）感知的平均值为 4.94～5.04（大于 4 分），说明所有被试都较为认可企业是在履行社会责任。标准差为

1.241～1.313,说明样本数据相对于平均值而言有一定的离散程度。偏度系数绝对值最大的是-0.764(小于2),峰度系数绝对值最大的是1.137(小于4),说明样本数据符合正态分布。并且企业社会责任感知的所有测量题项的偏度系数均为负数,说明样本数据构成的正态分布整体稍微向左侧偏斜。此外,企业社会责任感知的测量题项的峰度系数均为正数,说明样本数据较为聚集,有相对尖锐的分布。企业社会责任感知的描述性统计结果见表4.12。

表4.12 企业社会责任感知的描述性统计结果

变量	序号	平均值	标准差	偏度系数	峰度系数
企业社会责任感知	CSR1	5.04	1.313	-0.727	1.137
	CSR2	5.01	1.35	-0.764	1.016
	CSR3	4.96	1.271	-0.526	0.76
	CSR4	4.94	1.241	-0.392	0.676

参与意愿的平均值为4.08～5.61(大于4分),说明所有被试对企业社会责任活动都有一定的参与意愿。标准差为1.508～1.719,说明样本数据相对于平均值而言有一定的离散程度。偏度系数绝对值最大的是-1.142(小于2),峰度系数绝对值最大的是0.784(小于4),说明样本数据符合正态分布。并且参与意愿的所有测量题项的偏度系数均为负数,说明样本数据构成的正态分布整体稍微向左侧偏斜。此外,参与意愿的峰度系数有正有负,但负数居多,说明样本数据有较为平坦的分布。参与意愿的描述性统计结果见表4.13。

表4.13 参与意愿的描述性统计结果

变量	序号	平均值	标准差	偏度系数	峰度系数
参与意愿	PI1	5.61	1.508	-1.142	0.784
	PI2	5.02	1.592	-0.666	-0.125
	PI3	4.27	1.719	-0.234	-0.657
	PI4	4.42	1.706	-0.363	-0.594
	PI5	4.08	1.713	-0.147	-0.702

品牌资产(brand entity,BE)的平均值为4.35～4.78(大于4分),说明所有被试都认为履行社会责任的企业具有品牌资产。标准差为1.238～1.385,说明样本数据相对于平均值而言有一定的离散程度。偏度系数绝对值最大的是-0.36(小于2),峰度系数绝对值最大的是0.972(小于4),说明样本数据符合正态分布。并且品牌资产的所有测量题项的偏度系数均为负数,说明样本数据构成的正态分布整体稍微向左侧偏斜。此外,品牌资产的所有测量题项的峰度系数均为正数,说明样本数据相对集中,有相对高耸的分布。品牌资产的描述性统计结果见表4.14。

表 4.14 品牌资产的描述性统计结果

变量	序号	平均值	标准差	偏度系数	峰度系数
品牌资产	BE1	4.78	1.256	-0.323	0.741
	BE2	4.43	1.238	-0.243	0.972
	BE3	4.35	1.298	-0.36	0.763
	BE4	4.46	1.385	-0.271	0.34

自我建构包含互依型自我建构和独立型自我建构两个维度,因此本研究对其分别进行了描述性统计分析。互依型自我建构的平均值为4.36~6.03(大于4分),说明所有被试均具备一定水平的互依型自我建构。标准差为1.113~1.492,说明样本数据相对于平均值而言有一定的离散程度。偏度系数绝对值最大的是-1.381(小于2),峰度系数绝对值最大的是2.473(小于4),说明样本数据符合正态分布。此外,互依型自我建构的所有测量题项的峰度系数有正有负,但正数偏多,说明样本数据有相对尖锐的分布。

自我建构的平均值为4.05~5.68(大于4分),说明所有被试均具备一定水平的自我建构。标准差为1.160~1.634,说明样本数据相对于平均值而言有一定的离散程度。偏度系数绝对值最大的是-0.781(小于2),峰度系数绝对值最大的是-0.714(小于4),说明样本数据符合正态分布。并且,自我建构的所有测量题项的峰度系数有正有负,但负数偏多,说明样本数据有相对平坦的分布。此外,互依型和独立型自我建构的所有测量题项的偏度系数均为负数,说明由自我建构的两个维度的样本数据构成的正态分布整体稍微向左侧偏斜。

表 4.15 自我建构的描述性统计结果

变量	类别	序号	平均值	标准差	偏度系数	峰度系数
自我建构	互依型自我建构	SC1	4.94	1.48	-0.758	0.281
		SC2	4.36	1.36	-0.482	0.319
		SC3	5.46	1.22	-0.905	1.029
		SC4	4.61	1.492	-0.372	-0.211
		SC5	6.03	1.113	-1.381	2.473
		SC6	4.89	1.44	-0.666	0.4

续表

变量	类别	序号	平均值	标准差	偏度系数	峰度系数
自我建构	独立型自我建构	SC7	4.8	1.33	-0.223	-0.101
		SC8	4.95	1.314	-0.4	0.041
		SC9	5.68	1.16	-0.781	0.647
		SC10	4.5	1.523	-0.198	-0.377
		SC11	4.05	1.634	-0.043	-0.714
		SC12	5.2	1.256	-0.54	0.38

感知动机的平均值为 4.36~4.99(大于 4 分)，说明被试对于企业履行社会责任的动机推测稍微偏向于服务社会(而不是服务企业自身)。感知动机的标准差为 1.225~1.565，说明样本数据相对于平均值而言有一定的离散程度。偏度系数绝对值最大的是-0.582(小于 2)，峰度系数绝对值最大的是 0.767(小于 4)，说明样本数据符合正态分布。并且所有偏度系数均为负数，说明样本数据构成的正态分布整体稍微向左侧偏斜。此外，峰度系数有正有负，但正数偏多，说明样本数据有相对尖锐的分布。感知动机的描述性统计结果见表 4.16。

表 4.16 感知动机的描述性统计结果

变量	序号	平均值	标准差	偏度系数	峰度系数
感知动机	PM1	4.4	1.505	-0.312	0.078
	PM2	4.36	1.565	-0.209	-0.289
	PM3	4.99	1.225	-0.449	0.765
	PM4	4.53	1.232	-0.279	0.767
	PM5	4.55	1.412	-0.175	-0.006
	PM6	4.97	1.326	-0.582	0.639

态度的平均值为 5.12~5.42(大于 4 分)，说明所有被试对海报中的企业社会责任活动具有积极态度。态度的标准差为 1.434~1.668，说明样本数据相对于平均值而言有一定的离散程度。偏度系数绝对值最大的是-0.963(小于 2)，峰度系数绝对值最大的是 0.564(小于 4)，说明样本数据符合正态分布。并且所有偏度系数均为负数，说明样本数据构成的正态分布整体稍微向左侧偏斜。此外，所有峰度系数均为正数，说明样本数据有相对平坦的分布。态度的描述性统计结果见表 4.17。

表 4.17 态度的描述性统计结果

变量	序号	平均值	标准差	偏度系数	峰度系数
态度	AT1	5.41	1.434	−0.887	0.564
	AT2	5.12	1.668	−0.83	0.079
	AT3	5.42	1.529	−0.963	0.48
	AT4	5.24	1.618	−0.933	0.306

二、操控检验

本研究中通过独立样本 t 检验对两个实验组(金钱型和时间型企业社会责任活动)进行了操控检验。与预测验不同,正式实验中,我们通过以下两个问题进行操控检验。第一个问题是对海报中的公益活动需要付出时间来参与的同意程度;第二个问题是对海报中的公益活动需要付出金钱(购买产品)来参与的同意程度。回答用从完全不同意(1分)到完全同意(7分)的 7 级李克特评价方法来测度。

第一个问题(需要付出时间)的分析结果显示,金钱型企业社会责任活动类型的均值为 4.75(标准差为 1.79),时间型企业社会责任活动类型的均值为 3.48(标准差为 1.64),两组间具有显著的统计学差异($t=7.54, p=0.000$)。第二个问题(需要付出金钱)的分析结果显示,金钱型企业社会责任活动类型中被试的均值为 4.76(标准差为 1.75),时间型企业社会责任活动中的均值为 5.51(标准差为 1.51),两组间的差异同样在统计上显著($t=-4.66, p=0.000$)。

因此可知,实验操控成功。对于金钱型企业社会责任活动,消费者认为需要付出更多的金钱来参与;而对于时间型企业社会责任活动,消费者则认为需要付出更多的时间来参与。

实验操控结果分析见表 4.18。

表 4.18 实验操控结果分析

问题	类型	得分(均值)	标准差	均值差	t 值
需要付出时间	金钱型企业社会责任	4.75	1.79	1.27	7.54***
	时间型企业社会责任	3.48	1.64		
需要付出金钱	金钱型企业社会责任	4.76	1.75	−0.75	−4.66***
	时间型企业社会责任	5.51	1.51		

注:*** 表示在 0.01 的水平上显著。

三、探索性因子分析及可靠性分析

因子分析是基于相关关系对众多变量进行降维处理的统计技术。在理论体系尚未完全建立的研究阶段,可以通过探索性因子分析来确定变量特征是否被准确测量。探索性因子分析的主要工作步骤及原理是:首先通过测量变量或题项之间的相关性大小进行分组;同一组内的变量或题项之间具备较高的相关性,说明其背后有共同的制约因素,即公共因子,然后用这些公共因子来代替原始的众多变量或题项。

在进行探索性因子分析时,采用了主成分分析法(principal component analysis,PCA),以尽可能在因子提取过程中减少信息丢失。同时,利用最大变异(varimax)方法正交旋转估计因子载荷,使因子间便于比较和解读。此外,利用 Cronbach's α 考察测量项目的内在一致性。

(一)感知价值的探索性因子分析

在进行探索性因子分析之前,我们首先对正式调查回收的 411 份有效问卷中感知价值变量涉及的 16 个测量题项进行 KMO 值和 Bartlett 球形检验。结果显示,KMO 值为 0.925(大于 0.6),Bartlett 球形检验的卡方检验值为 6159.575(自由度为 120),在 99% 的置信区间内显著,说明进行因子分析是适合的。

探索性因子分析结果显示,从 16 个测量项目中共提取 5 个因子特征值高于 1 的因子,累计解释的总方差为 84.302%,远超社会科学领域研究的标准线 50%。但是,题项 PV3 在因子 4 上的载荷为 0.637,在因子 5 上的载荷为 0.489,不适合归入任何一个因子。题项 PV4 在因子 1 上的载荷为 0.521,在因子 4 上的载荷为 0.488,亦不适合归入任何一个因子,按照前述数据分析方法部分的题项调整原则,PV3 和 PV4 予以删除。

感知价值第一次探索性因子分析见表 4.19。

表 4.19 感知价值第一次探索性因子分析

题 项	公因子方差	因子1	因子2	因子3	因子4	因子5
PV1	0.852	0.316	0.267	0.192	0.774	0.212
PV2	0.891	0.181	0.237	0.191	0.851	0.202
PV3	0.787	0.187	0.197	0.262	0.637	0.489
PV4	0.694	0.521	0.123	0.23	0.488	0.34
PV5	0.865	0.19	0.254	0.182	0.239	0.821
PV6	0.862	0.123	0.24	0.22	0.277	0.815
PV7	0.815	0.225	0.351	0.774	0.207	0.173
PV8	0.815	0.247	0.265	0.847	0.197	0.191

续表

题项	公因子方差	因子1	因子2	因子3	因子4	因子5
PV9	0.815	0.307	0.332	0.727	0.255	0.260
PV10	0.83	0.359	0.755	0.257	0.244	0.075
PV11	0.815	0.363	0.734	0.223	0.211	0.224
PV12	0.793	0.154	0.738	0.367	0.166	0.248
PV13	0.781	0.198	0.747	0.24	0.209	0.289
PV14	0.908	0.872	0.22	0.246	0.145	0.136
PV15	0.919	0.86	0.258	0.247	0.209	0.092
PV16	0.855	0.81	0.309	0.141	0.241	0.158
特征值		3.176	3.03	2.571	2.547	2.164
累计解释率		19.85%	38.79%	54.857%	70.774%	84.302%
KMO 值和 Bartlett 球形检验						

KMO = 0.925, $\chi^2 = 6159.575$, $df = 120$, $p < 0.001$

当第二次进行探索性因子分析时,我们同样首先查看了 KMO 值和 Bartlett 球形检验的结果,以确定样本数据是否能够进行探索性因子分析。在表 4.20 中,KMO 值为 0.911(大于 0.6),Bartlett 球形检验的卡方检验值为 5350.981(自由度为 91),在 99% 的置信区间内显著,说明进行因子分析是合适的。因子分析结果显示,从 14 个测量项目中共提取 5 个因子特征值高于 1 的因子,累计解释的总方差为 86.717%(大于 50%)。重要的是,测量项目中因子载荷的最低值为 0.737(大于 0.5),公因子方差提取值的最低值为 0.783(大于 0.4),且没有跨因子载荷现象发生。因此,14 个题项构成的 5 个因子能良好解释测量变量。根据因子内在性质,我们将提取的 5 个因子分别命名为成就价值、普世主义价值、享乐主义价值、安全价值和刺激价值。

表 4.20 感知价值第二次的探索性因子分析

变量	题项	公因子方差	因子1	因子2	因子3	因子4	因子5
成就价值	PV10	0.832	0.757	0.359	0.267	0.078	0.23
	PV13	0.783	0.752	0.198	0.25	0.288	0.181
	PV11	0.818	0.74	0.362	0.233	0.224	0.187
	PV12	0.792	0.738	0.153	0.375	0.248	0.147
普世主义价值	PV14	0.919	0.211	0.878	0.255	0.144	0.133
	PV15	0.926	0.25	0.864	0.258	0.102	0.198
	PV16	0.867	0.298	0.819	0.152	0.173	0.233

续表

变量	题项	公因子方差	因子1	因子2	因子3	因子4	因子5
享乐主义价值	PV8	0.923	0.27	0.242	0.856	0.186	0.158
	PV7	0.848	0.341	0.222	0.782	0.181	0.196
	PV9	0.866	0.33	0.31	0.737	0.262	0.22
安全价值	PV5	0.881	0.253	0.181	0.197	0.836	0.213
	PV6	0.875	0.23	0.134	0.235	0.831	0.242
刺激价值	PV2	0.921	0.221	0.192	0.215	0.25	0.853
	PV1	0.89	0.252	0.317	0.216	0.259	0.783
特征值			21.11	20.736	18.254	13.695	12.923
累计解释率			21.11%	41.846%	60.1%	73.794%	86.717%
KMO值和Bartlett球形检验			KMO=0.911, $\chi^2=5350.981$, $df=91$, $p<0.001$				

（二）企业社会责任感知的探索性因子分析

在对与企业社会责任感知相关的测量题项进行KMO值和Bartlett球形检验时,结果显示KMO值为0.827(大于0.6),Bartlett球形检验的卡方检验值为1137.947(自由度为6),在99%的置信区间内显著,说明进行因子分析是合适的。在表4.21中,探索性因子分析结果显示,从测量项目中提取1个特征值为3.144的因子,所有测量项目在该因子上的载荷最低值为0.855(大于0.5),其公因子方差提取值的最低值为0.731(大于0.4),并且累计解释的总方差为78.602%,表明题项的因子能良好解释测量变量。本研究将提取的因子命名为企业社会责任感知。

表4.21 企业社会责任感知探索性因子分析

变量	题项	公因子方差	因子1	特征值	累计解释率
企业社会责任感知	CSR1	0.803	0.896	3.144	78.602%
	CSR2	0.857	0.926		
	CSR3	0.754	0.868		
	CSR4	0.731	0.855		
KMO值和Bartlett球形检验			KMO=0.827, $\chi^2=1137.947$, $df=6$, $p<0.001$		

（三）参与意愿的探索性因子分析

在对与参与意愿相关的测量题项进行KMO值和Bartlett球形检验时,结果显示 KMO 值为 0.834(大于 0.6)，Bartlett 球形检验的卡方检验值为 1114.153(自由度为 10)，在 99% 的置信区间内显著，说明进行因子分析是合适的。在表 4.22 中，探索性因子分析结果显示，从测量项目中提取 1 个特征值为 3.403 的因子，所有测量项目在该因子上的载荷最低值为 0.753(大于 0.5)，其公因子方差提取值的最低值为 0.567(大于 0.4)，并且累计解释的总方差为 68.061%，表明题项的因子能良好解释测量变量。本研究将提取的因子命名为参与意愿。

表 4.22 参与意愿探索性因子分析

变量	题项	公因子方差	因子1	特征值	累计解释率
参与意愿	PI1	0.567	0.753	3.403	68.061%
	PI2	0.718	0.847		
	PI3	0.684	0.827		
	PI4	0.707	0.841		
	PI5	0.727	0.852		
KMO 值和 Bartlett 球形检验			$KMO=0.834, \chi^2=1114.153, df=10, p<0.001$		

（四）品牌资产的探索性因子分析

在对与品牌资产相关的测量题项进行 KMO 值和 Bartlett 球形检验时，结果显示 KMO 值为 0.805(大于 0.6)，Bartlett 球形检验的卡方检验值为 869.682(自由度为 6)，在 99% 的置信区间内显著，说明进行因子分析是合适的。在表 4.23 中，探索性因子分析结果显示，从测量项目中提取 1 个特征值为 2.921 的因子，所有测量项目在该因子上的载荷最低值为 0.818(大于 0.5)，其公因子方差提取值的最低值为 0.669(大于 0.4)，并且累计解释的总方差为 73.027%，表明题项的因子能良好解释测量变量。本研究将提取的因子命名为品牌资产。

表 4.23 品牌资产探索性因子分析

变量	题项	公因子方差	因子1	特征值	累计解释率
品牌资产	BE1	0.669	0.818	2.921	73.027%
	BE2	0.693	0.833		
	BE3	0.812	0.864		
	BE4	0.747	0.901		
KMO 值和 Bartlett 球形检验			$KMO=0.805, \chi^2=869.682, df=6, p<0.001$		

（五）自我建构的探索性因子分析

在进行探索性因子分析之前，我们首先对自我建构变量涉及的 12 个测量题项进行 KMO 值和 Bartlett 球形检验。结果显示,KMO 值为 0.75(大于 0.6),Bartlett 球形检验的卡方检验值为 1367.044(自由度为 66),在 99% 的置信区间内显著,说明进行因子分析式合适的。

探索性因子分析结果显示,从 12 个测量项目中共提取 2 个因子特征值高于 1 的因子,累计解释的总方差为 45.281%,未达到社会科学领域研究的标准线 50%。并且,题项 SC5 的公因子提取值为 0.358,SC10 的公因子提取值为 0.272,SC11 的公因子提取值为 0.106,SC12 的公因子提取值为 0.263。按照前述数据分析方法部分的题项调整原则,SC5、SC10、SC11 和 SC12 予以删除。

自我建构第一次探索性因子分析见表 4.24。

表 4.24 自我建构第一次探索性因子分析

题项	公因子方差	因子 1	因子 2
SC1	0.604	0.776	0.048
SC2	0.596	0.771	−0.035
SC3	0.53	0.708	0.171
SC4	0.502	0.702	0.101
SC5	0.358	0.491	0.343
SC6	0.562	0.721	0.204
SC7	0.553	0.051	0.742
SC8	0.621	−0.072	0.785
SC9	0.464	0.141	0.667
SC10	0.272	0.143	0.502
SC11	0.106	0.235	0.226
SC12	0.263	0.291	0.423
特征值		3.14	2.294
累计解释率		26.163%	45.281%
KMO 值和 Bartlett 球形检验	KMO = 0.75, $\chi^2 = 1367.044$, $df = 66$, $p < 0.001$		

在第二次进行探索性因子分析之前,我们首先查看了 KMO 值和 Bartlett 球形检验的结果,以确定样本数据是否能够进行探索性因子分析。在表 4.25 中,KMO 值为 0.735(大于 0.6),Bartlett 球形检验的卡方检验值为 983.606(自由度为 28),在 99% 的置信区间内显著,说明进行因子分析是合适的。因子分析结果显示,从 8 个测量项目中共提取 2 个因子特征值高于 1 的因子,累计解释的总方差为 59.232%(大于 50%)。重要的是,所有测量项目因子载荷的最低值为 0.623(大于 0.5),公因子方差提取值的最低值为 0.411(大于 0.4),且没有跨因子载荷现象发生。因此,8 个题项构成的 2 个因子能良好解释测量变量。根据因子的内在性质,

我们将提取的 2 个因子分别命名为互依型自我建构和独立型自我建构。

表 4.25　自我建构第二次的探索性因子分析

变量	题项	公因子方差	因子 1	因子 2
互依型自我建构	SC1	0.615	0.784	−0.003
	SC2	0.61	0.78	−0.043
	SC3	0.533	0.712	0.161
	SC4	0.572	0.742	0.145
	SC6	0.57	0.73	0.191
独立型自我建构	SC7	0.675	0.11	0.814
	SC8	0.753	−0.016	0.868
	SC9	0.411	0.148	0.623
特征值			2.849	1.89
累计解释率			35.606%	59.232%
KMO 值和 Bartlett 球形检验		KMO = 0.735, χ^2 = 983.606, df = 28, p < 0.001		

（六）感知动机的探索性因子分析

在对与感知动机相关的测量题项进行 KMO 值和 Bartlett 球形检验时，结果显示 KMO 值为 0.861（大于 0.6），Bartlett 球形检验的卡方检验值为 1263.209（自由度为 15），在 99% 的置信区间内显著，说明进行因子分析是合适的。在表 4.26 中，探索性因子分析结果显示，从测量项目中提取 1 个特征值为 3.813 的因子，所有测量项目在该因子上的载荷最低值为 0.743（大于 0.5），其公因子方差提取值的最低值为 0.553（大于 0.4），并且累计解释的总方差为 63.546%，表明题项的因子能良好解释测量变量。本研究将提取的因子命名为感知动机。

表 4.26　感知动机探索性因子分析

变量	题项	公因子方差	因子 1	特征值	累计解释率
感知动机	PM1	0.64	0.8	3.813	63.546%
	PM2	0.553	0.743		
	PM3	0.634	0.796		
	PM4	0.7	0.837		
	PM5	0.625	0.791		
	PM6	0.66	0.813		
KMO 值和 Bartlett 球形检验		KMO = 0.861, χ^2 = 1263.209, df = 15, p < 0.001			

(七) 态度的探索性因子分析

在对与态度相关的测量题项进行 KMO 值和 Bartlett 球形检验时,结果显示 KMO 值为 0.836(大于 0.6),Bartlett 球形检验的卡方检验值为 948.776(自由度为 6),在 99% 的置信区间内显著,说明进行因子分析是合适的。在表 4.27 中,探索性因子分析结果显示,从测量项目中提取 1 个特征值为 3.024 的因子,所有测量项目在该因子上的载荷最低值为 0.826(大于 0.5),其公因子方差提取值的最低值为 0.683(大于 0.4),并且累计解释的总方差为 75.61%,表明题项的因子能良好解释测量变量。本研究将提取的因子命名为态度。

表 4.27 态度探索性因子分析

变量	题项	公因子方差	因子1	特征值	累计解释率
态度	AT1	0.683	0.826	3.024	75.61%
	AT2	0.783	0.885		
	AT3	0.773	0.879		
	AT4	0.786	0.887		
KMO 值和 Bartlett 球形检验			KMO = 0.836, χ^2 = 948.776, df = 6, p < 0.001		

(八) 所有变量的探索性因子分析

在进行探索性因子分析之前,我们首先对所有变量涉及的 45 个测量题项进行 KMO 值和 Bartlett 球形检验。结果显示,KMO 值为 0.937(大于 0.6),Bartlett 球形检验的卡方检验值为 13979.845(自由度为 990),在 99% 的置信区间内显著,说明进行因子分析是合适的。探索性因子分析结果显示,从 45 个测量项目中提取 9 个因子特征值高于 1 的因子,累计解释的总方差为 76.1%(超过 50%),公因子方差提取值的最低值为 0.618(超过 0.4)。然而,题项 SC9 的因子载荷为 0.461(小于 0.5),应予以删除。此前,对自我建构变量单独进行的因子分析中,SC1、SC2、SC3、SC4、SC6 均被归属于独立型自我建构变量,但在这里却分化为 2 个因子。因此,我们删除了 SC3、SC4、SC6,以保持独立型自我建构变量的唯一性。

在删除了 SC3、SC4、SC6、SC9 之后,我们再次进行了探索性因子分析。同样,首先是进行 KMO 值和 Bartlett 球形检验。结果显示,KMO 值为 0.94(大于 0.6),Bartlett 球形检验的卡方检验值为 13223.778(自由度为 820),在 99% 的置信区间内显著,说明进行因子分析是合适的。因子分析结果显示,从 41 个测量项目中共提取 12 个因子特征值高于 1 的因子,累计解释的总方差为 79.271%(超过 50%),公因子方差提取值的最低值为 0.664(超过 0.4)。此前,对 PI 单独进行的因子分析中,5 个测量题项均归属于 1 个因子,但在这里却分化为 2 个因子。同时 PI 测量题项中的 PI1 和 PI2 存在跨因子载荷问题。此外，PV2 与 PV5 也存在跨因子载荷问题，且交叉载荷因子之一即 PI1 和 PI2 分化出来的新因子。因此，谨慎起见，我们首先删除了 PI1 和 PI2 两个测量题项并进行了第三次探索性因子分析。

在第三次探索性因子分析中，KMO 值为 0.937（大于 0.6），Bartlett 球形检验的卡方检验值为 12579.828（自由度为 741），在 99% 的置信区间内显著，说明可以进行因子分析。因子分析结果显示，从 39 个测量项目中共提取 12 个因子特征值高于 1 的因子，累计解释的总方差为 80.283%（超过 50%），公因子方差提取值的最低值为 0.661（超过 0.4）。此前，对 PM 单独进行的因子分析中，6 个测量题项均归属于 1 个因子，但在这里却分化为 2 个因子。同时，PM 测量题项中的 PM1、PM2 存在跨因子载荷问题。此外，PV1 与 PV2 也存在跨因子载荷问题，且交叉载荷因子之一即 PM1 和 PM2 分化出来的新因子。因此，我们删除了 PM1 和 PM2 两个测量题项并进行了第四次探索性因子分析。

在第四次探索性因子分析中，KMO 值为 0.936（大于 0.6），Bartlett 球形检验的卡方检验值为 11979.132（自由度为 666），在 99% 的置信区间内显著，说明进行因子分析是合适的。因子分析结果显示，从 37 个测量项目中共提取 12 个因子特征值高于 1 的因子，累计解释的总方差为 81.528%（超过 50%），表明题项的因子能良好解释测量变量。重要的是，所有测量项目因子载荷的最低值为 0.603（大于 0.5），公因子方差提取值的最低值为 0.681（大于 0.4），且没有跨因子载荷现象发生。

因此，37 个题项构成的 12 个因子能良好解释所有测量变量。其中，感知价值共 14 个测量题项，由刺激价值（2 个题项）、安全价值（2 个题项）、享乐主义价值（3 个题项）、成就价值（4 个题项）和普世主义价值（3 个题项）这 5 个因子组成。自我建构共 4 个测量题项，由互依型自我建构（2 个题项）和独立型自我建构（2 个题项）这 2 个因子组成。参与意愿由 3 个题项测度。此外，企业社会责任感知、品牌资产、感知动机和态度均由 4 个题项测度组成。表 4.28 整理了第四次探索性因子分析的关键结果。此外，所有变量的第四次探索性因子分析的详细结果整理于附录三。

表 4.28　所有变量探索性因子分析关键结果及信度分析

变量（因子）	题项	公因子方差	因子载荷	特征值	累计解释率	Cronbach's α
刺激价值	PV1	0.873	0.686	1.556	81.528%	0.891
	PV2	0.893	0.774			
安全价值	PV5	0.849	0.79	1.999	68.023%	0.865
	PV6	0.856	0.798			
享乐主义价值	PV7	0.843	0.695	2.2	62.619%	0.928
	PV8	0.92	0.775			
	PV9	0.863	0.65			

续表

变量（因子）	题 项	公因子方差	因子载荷	特征值	累计解释率	Cronbach's α
成就价值	PV10	0.836	0.724	3.162	26.102%	0.909
	PV11	0.818	0.701			
	PV12	0.793	0.715			
	PV13	0.797	0.731			
普世主义价值	PV14	0.917	0.818	2.879	42.366%	0.944
	PV15	0.925	0.806			
	PV16	0.871	0.771			
企业社会责任感知	CSR1	0.798	0.665	2.876	50.139%	0.909
	CSR2	0.853	0.72			
	CSR3	0.805	0.783			
	CSR4	0.75	0.664			
参与意愿	PI3	0.819	0.782	2.417	56.673%	0.864
	PI4	0.836	0.778			
	PI5	0.838	0.761			
品牌资产	BE1	0.681	0.683	3.279	8.862%	0.876
	BE2	0.703	0.757			
	BE3	0.819	0.805			
	BE4	0.787	0.819			
互依型自我建构	SC1	0.835	0.844	1.76	72.781%	0.752
	SC2	0.848	0.87			
独立型自我建构	SC7	0.823	0.881	1.68	77.322%	0.794
	SC8	0.805	0.855			
感知动机	PM3	0.735	0.745	3.139	34.585%	0.861
	PM4	0.789	0.818			
	PM5	0.692	0.76			
	PM6	0.745	0.677			
态度	AT1	0.706	0.603	3.217	17.556%	0.892
	AT2	0.809	0.817			
	AT3	0.804	0.775			
	AT4	0.828	0.827			
KMO 值和 Bartlett 球形检验			KMO = 0.936, χ^2 = 11979.132, df = 666, $p<0.001$			

此外,在探索性因子分析结果的基础上,我们还对变量进行了信度分析。结果见表4.28,所有因子的Cronbach's α 值为0.752~0.944(大于0.7),表明测量量表具有较好的可靠性和稳定性。

四、验证性因子分析

不同于探索性因子分析的"试错与探索"特征,验证性因子分析是对基于先验知识开发的研究模型(量表题项与潜在变量的对应关系,潜在变量之间的关系)是否与实际数据情况一致进行验证的过程。验证性因子分析主要用于验证测量模型的拟合、聚合效度以及区分效度。

(一)测量模型的拟合

模型拟合度分析,即检验整体模型的适配度。本研究中采用普遍使用的卡方与自由度的比(χ^2/df)、GFI、RMSEA、RMR、CFI、NFI等指标进行测量模型的拟合度分析。

卡方作为基本的拟合度指标,容易受到样本量的影响,样本越大时卡方值可能越小。为此,本研究使用了 χ^2/df 作为卡方值的替代指标。若 χ^2/df 的值为1~3,则说明模型拟合效果良好。

RMSEA(root mean square error of approximation)是近似误差均方根,是通过比较假设模型与饱和模型的差异程度来衡量研究假设模型的拟合效果。饱和模型指的是具有完美拟合度的假想模型。一般而言,RMSEA的值小于0.07则表示拟合良好。

NFI(normed fit index)是规范拟合指数,反映了假设模型和独立模型之间的差异程度。独立模型是将测量变量设定为不存在任何相关关系或共变关系的一种简单模型。假设模型和独立模型的差异大,则说明假设模型拟合效果良好。一般当NFI大于0.9时,可以认为假设模型拟合效果良好。

CFI(comparative fit index)是比较拟合指数,同样反映的是假设模型与独立模型之间的差异程度,取值为0~1,一般当该指数大于0.9时,则表示模型可接受。

此外,GFI(goodness of fit index)是拟合优度指数,其值始终比1小,通常GFI值大于0.9时,则可认为模型拟合效果良好。而AGFI(adjusted goodness of fit index)是调整的拟合优度指数,通常当AGFI值大于0.9时,则可认为模型拟合效果良好。而TLI(Tucker-Lewis index)通常需要大于0.9,接近0.9基本可接受。具体指标和标准见表4.29。

表 4.29　拟合评价指数和标准

指　标	指　标　全　称	标　准
χ^2/df	normed Chi-square	1~3
RMSEA	root mean square error of approximation	<0.07
GFI	goodness of fit index	>0.9
AGFI	adjusted goodness of fit index	>0.9
NFI	normed fit index	>0.9
TLI	Tucker-Lewis index	>0.9
CFI	comparative fit index	>0.9

1. 感知价值的拟合分析

在探索性因子分析中，我们发现感知价值由 14 个题项来测度，并且感知价值分为 5 个维度。具体而言，PV1 和 PV2 测量的是刺激价值，PV5 和 PV6 测量的是安全价值，PV7、PV8 和 PV9 测量的是享乐主义价值，PV10、PV11、PV12、PV13 测量的是成就价值，PV14、PV15 和 PV16 测量的是普世主义价值。

基于此，本研究首先构建了由 1 个潜在变量（感知价值）和 5 个二阶变量（刺激价值、安全价值、享乐主义价值、成就价值、普世主义价值）组成的测量模型，并对此模型进行了拟合分析。分析结果为 $\chi^2 = 279.599$、$df = 67$、$\chi^2/df = 4.173$（大于 3）、GFI = 0.912（大于 0.9）、AGFI = 0.861（小于 0.9）、RMSEA = 0.088（大于 0.07）、NFI = 0.948（大于 0.9）、CFI = 0.96（大于 0.9）、TLI = 0.946（大于 0.9）。对照表 4.29 可知，GFI 指标、NFI 指标、CFI 指标和 TLI 指标较为理想，但是 χ^2/df 指标、AGFI 指标、RMSEA 指标不太理想，初始拟合效果不佳。

因此，本研究参照修正指数（modification indices）对模型进行修正，依次删除了 PV13、PV14、PV7 三个题项（图 4.5）。最终分析结果为 $\chi^2 = 94.419$、$df = 34$、$\chi^2/df = 2.777$（小于 3）、GFI = 0.962（大于 0.9）、AGFI = 0.927（大于 0.9）、RMSEA = 0.066（小于 0.07）、NFI = 0.975（大于 0.9）、CFI = 0.984（大于 0.9）、TLI = 0.973（大于 0.9）。对照表 4.29 可知，上述所有指标的数值均处于良好水平。由此可知，测量模型的拟合较为理想。

值得注意的是，在对感知价值进行拟合分析时，我们发现，感知价值的 5 个二阶变量之间具有较高的相关性（相关系数为 0.5~0.75，均高于 0.5）。通常，当二阶变量之间相关性较高时，相较于单独使用这 5 个二阶变量，使用二阶变量的更高一阶的潜在变量进行后续研究更适宜。因此，在后续的结构方程模型中，本研究重点分析的是潜在变量——感知价值在研究模型中的作用，而未对 5 个二阶变量进行逐一分析。

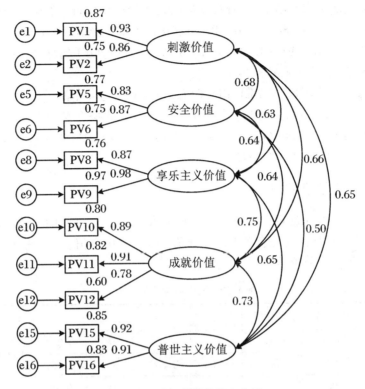

图 4.5 感知价值的拟合分析

2. 企业社会责任感知、参与意愿和品牌资产拟合分析

企业社会责任感知、参与意愿和品牌资产均为被解释变量,且在探索性因子分析时因子载荷情况良好。因此,本研究将上述 3 个因子组成测量模型,分析其拟合效果。研究结果为 $\chi^2 = 110.663$、$df = 41$、$\chi^2/df = 2.699$、GFI = 0.954、AGFI = 0.926、RMSEA = 0.064、NFI = 0.963、CFI = 0.976、TLI = 0.968,表示拟合结果较为理想。

3. 控制变量的拟合分析

本研究的控制变量有 2 个,分别是感知动机与态度。在进行探索性因子分析时,2 个控制变量的因子载荷情况良好。因此,本研究将 2 个控制变量组成测量模型,进行了拟合分析。分析结果为 $\chi^2 = 77.79$、$df = 19$、$\chi^2/df = 4.094$(大于 3)、GFI = 0.955、AGFI = 0.915、RMSEA = 0.087(大于 0.7)、NFI = 0.959、CFI = 0.968、TLI = 0.953,说明拟合效果有待改善。因此,本研究参照修正指数删除了测量题项 PM6。之后,再次进行拟合分析,研究结果为 $\chi^2 = 37.112$、$df = 13$、$\chi^2/df = 2.855$、GFI = 0.976、AGFI = 0.948、RMSEA = 0.067、NFI = 0.976、CFI = 0.984、TLI = 0.975,拟合效果较为理想。

4. 整体变量的拟合分析

为建立结构方程模型,需要对所有测量变量进行拟合分析。因此,基于前述个别变量构成的测量模型结果,将所有变量纳入测量模型进行拟合分析。研究结果为 $\chi^2 = 892.353$、$df = 380$、$\chi^2/df = 2.348$、GFI = 0.871、AGFI = 0.842、RMSEA = 0.057、NFI = 0.907、CFI = 0.944、TLI = 0.936。其中,GFI 指标和 AGFI 指标均小于 0.9,因此,拟合度有待改进。

利用修正指数,删除了 BE1、PI4、CSR4 和 PV10 这 4 个测量题项后重新进行拟合分析,结果发现此时的拟合效果较为理想。具体拟合结果为 $\chi^2 = 610.37$、$df = 274$、$\chi^2/df = 2.228$、GFI = 0.901、AGFI = 0.873、RMSEA = 0.055、NFI = 0.922、CFI = 0.955、TLI = 0.947。

(二) 聚合效度验证

聚合效度反映的是观测变量(测量题项)与潜在变量之间的一致性水平。通常,聚合效度的好坏需要综合考虑因子载荷、AVE 和组合信度 3 个指标。表 4.30 整理了上述指标的分析结果。

表 4.30 聚合效度分析结果

变量	区分	B	SE	t 值	p 值	β	CR	AVE
刺激价值	PV1	1			0	0.942	0.894	0.808
	PV2	0.86	0.04	21.62	0	0.854		
安全价值	PV5	1			0	0.89	0.865	0.762
	PV6	0.97	0.05	18.4	0	0.856		
享乐主义价值	PV8	1			0	0.88	0.926	0.863
	PV9	1.13	0.04	27.34	0	0.975		
成就价值	PV11	1			0	0.857	0.815	0.688
	PV12	0.98	0.05	18.17	0	0.801		
普世主义价值	PV15	1			0	0.924	0.913	0.839
	PV16	1.02	0.04	24.33	0	0.908		
感知价值	刺激价值	1			0	0.795	0.911	0.672
	安全价值	0.85	0.06	13.55	0	0.758		
	享乐主义价值	0.8	0.05	14.88	0	0.838		
	成就价值	0.9	0.06	15.88	0	0.912		
	普世主义价值	0.75	0.05	14.7	0	0.787		
企业社会责任感知	CSR1	1			0	0.894	0.902	0.754
	CSR2	1.06	0.04	27.11	0	0.925		
	CSR3	0.85	0.04	20.16	0	0.78		

续表

变量	区分	B	SE	t 值	p 值	β	CR	AVE
参与意愿	PI3	1			0	0.774	0.837	0.722
	PI5	1.18	0.08	15.32	0	0.919		
品牌资产	BE2	1			0	0.73	0.865	0.683
	BE3	1.29	0.08	16.91	0	0.9		
	BE4	1.29	0.08	16.29	0	0.84		
态度	AT1	1			0	0.775	0.894	0.678
	AT2	1.25	0.07	17.75	0	0.83		
	AT3	1.15	0.06	17.98	0	0.839		
	AT4	1.23	0.07	18.19	0	0.848		
感知动机	PM3	1			0	0.822	0.831	0.623
	PM4	1.04	0.06	17.19	0	0.847		
	PM5	0.97	0.07	14.2	0	0.69		

注：表中的 B 表示该项与其余项偏相关系数平方和；SE（standard error）表示标准误；CR（composite reliability）表示组合信度；β 表示影响系数。

首先是因子载荷指标。Hair 等学者认为良好的聚合效度的首要条件是各变量因子载荷须高于 0.5。根据表 4.30 可知，本研究中除 PM5（=0.69）外，其他观测变量的因子载荷均高于 0.7，由此可知，变量的因子载荷结果较为理想。

其次是 AVE 指标。良好的聚合效度需要 AVE 值高于 0.5。在表 4.30 中，所有变量的 AVE 值均在 0.5 以上。

最后是潜在变量的组合信度指标。当该指标数值大于 0.7 时，说明组合信度良好，在 0.6~0.7 则被认为是可接受的水平。在本研究中，所有 CR 值都在 0.7 以上，表明具有良好的组合信度。

综上，通过对因子载荷、AVE 和组合信度的分析，确保了模型的聚合效度。

（三）区分效度验证以及相关分析

一般来说，确保变量之间具有良好的区分效度，需满足如下两个条件：一是因子之间不能够出现跨因子载荷；二是变量的 AVE 数值要大于潜在变量间的相关系数的平方。第一个条件已满足，因为在前述的探索性因子分析中，已经剔除了存在跨因子载荷的测量题项。对于第二个条件，需结合相关分析结果来判断。表 4.31 整理了各变量间的相关关系以及 AVE 平方根值。结果表明，所有变量的 AVE 平方根值（在表 4.31 中为粗体）均大于对角线底部的相关系数。至此，Hair 等学者提出的两个条件均得到满足，表明本研究的变量之间具有良好的区分效度。

表 4.31　潜在变量之间的相关关系及区分效度检验结果

变量	PV	PM	CSR	PI	BE	AT
PV	**0.82**					
PM	0.545***	**0.789**				
CSR	0.715***	0.625***	**0.869**			
PI	0.692***	0.475***	0.473***	**0.85**		
BE	0.568***	0.464***	0.614***	0.485***	**0.826**	
AT	0.696***	0.542***	0.521***	0.594***	0.477***	**0.823**

注：*** 表示在 0.01 的水平上显著。

尽管相关分析不能作为因果关系的判断标准，但可以从相关分析结果中发现变量之间可能存在的相互影响关系，因此有必要进行进一步梳理。本研究的测量变量是感知价值、企业社会责任感知、参与意愿、品牌资产。根据表 4.31，我们发现这 4 个测量变量在 99% 的置信区间内为两两相关，且相关系数为 0.473～0.715。该结果为我们后续进行研究假设的验证提供了支持。此外，两个控制变量（感知动机、态度）也与测量变量之间两两相关，相关系数为 0.464～0.696，进一步验证了将感知动机与态度两个变量作为控制变量的必要性。潜在变量之间的相关关系及区分效度检验结果如图 4.6 所示。

五、构建结构方程模型

基于前述的探索性因子分析、信度分析和验证性因子分析的结果，本研究采用 AMOS 22.0 软件构建结构方程模型。我们首先对解释变量、中介变量、被解释变量以及控制变量分别进行了相应的变量设置和数据处理工作。之后，使用处理好的变量进行结构方程模型的构建工作，并对该结构方程模型进行拟合效果检验以及模型验证。

（一）变量设置和数据处理

首先是解释变量——参与型企业社会责任活动类型的变量设置与数据处理。基于研究设计可知，该变量为观测变量，因此对该变量的处理方法是根据其类别直接进行编码与赋值。金钱型企业社会责任活动编码为 1，时间型企业社会责任活动编码为 2，并将该观测变量命名为 type。请注意，这里的 1 和 2 仅作为类别的区分，并无实际的数字意义。

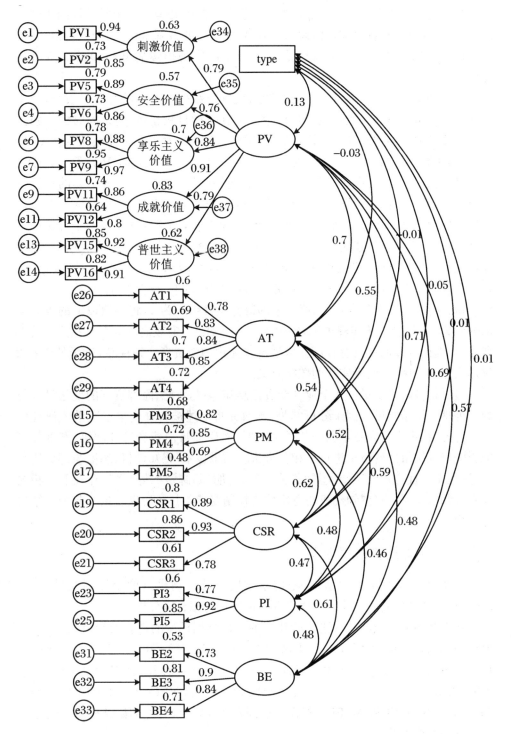

图 4.6 测量模型的验证性因子分析结果

其次是中介变量——感知价值的变量设置与数据处理。基于验证性因子分析结果,本研究将消费者感知价值设为高阶潜在变量,并将刺激价值、安全价值、享乐主义价值、成就价值、普世主义价值等5个变量作为衡量感知价值的二阶潜在变量。

再次是调节变量——自我建构的变量设置与数据处理。已有研究表明,个体并非仅具有单一的独立型自我建构或单一的互依型自我建构,而是同时拥有独立型和互依型两种类别的自我建构,只是两类自我建构的水平在个体之间存在差异。因此,本研究利用两类自我建构(独立型和互依型)水平的差异将其分类。具体而言,我们通过独立型自我建构和互依型自我建构的得分差异来区分个体的自我建构类别。操作步骤如下:第一步,以探索性因子分析结果为基础,将互依型自我建构测量题项 SC1 和 SC2 的平均值加以计算。第二步,同样以探索性因子分析结果为基础,将独立型自我建构测量题项 SC7 和 SC8 的平均值加以计算。第三步,将互依型和独立型自我建构的平均值相减,并将相减后的得分命名为 SCgroup ($= M_{互依型} - M_{独立型}$)。第四步,使用 SPSS 18.0 软件的变量再编码技术,以 SCgroup 的平均值为基准,将均值以下的得分全部编码为1,将均值以上的得分全部编码为2。结合上述步骤可知,编码为1的组别是具有较高独立型自我建构的消费者,而编码为2的是具有较高互依型自我建构的消费者。请注意,这里的1和2仅作为类别的区分,而无实际的数字意义。

最后是被解释变量——企业社会责任感知、参与意愿、品牌资产的变量设置与数据处理。基于验证性因子分析结果,本研究将上述被解释变量依次纳入研究模型。此外,在进行研究变量间的相关分析时,本研究将消费者感知动机、态度等可能影响研究结果的变量也进行了相关分析。结果显示,感知动机、态度与部分研究变量(如企业社会责任感知、感知价值、参与意愿、品牌资产等)之间存在显著相关关系,因此,本研究将感知动机与态度作为控制变量与其他研究变量一起纳入结构方程模型。

(二) 构建结构方程模型

本研究以理论模型为基础,考虑了态度和感知动机这两个控制变量,利用 AMOS 22.0 软件构建结构方程模型并对模型进行拟合度分析。

我们利用最大似然估计法对所建立的结构方程模型的拟合效果进行分析,主要使用的拟合指标为 χ^2/df、GFI、AGFI、RMSEA、NFI、CFI 和 TLI 等。模型的拟合分析结果显示: $\chi^2 = 630.518$、$df = 280$、$\chi^2/df = 2.252$、GFI = 0.898(小于0.9)、AGFI = 0.873(小于0.9)、RMSEA = 0.055、NFI = 0.92、CFI = 0.953、TLI = 0.946。GFI 和 AGFI 一般需要达到0.9及以上,可见初始结构方程模型的拟合效果有待提升。

研究模型的变量之间存在相关关系时,会影响模型的拟合效果。因此,通过参考变量间相互关系的修正指数对结构方程模型进行修正以提升拟合效果是较为可行的方法。因此,本研究根据修正指数的大小对结构方程模型进行了逐步修正。

首先,参与型企业社会责任活动类型(type)变量与感知价值的二阶变量中的安全价值的误差项 e26 的修正指数值最大,因此予以删除后再次进行拟合分析。在进行第二次拟合分析时,控制变量态度的第一个测量题项(AT1)的误差项 e19 和潜在变量感知价值的误差项 e31 之间的修正指数值最高,因此删除了控制变量的第一个测量题项。初始修正指数以及二次拟合时的修正指数详见附录四。

在两次修正之后,最终的拟合结果为 $\chi^2 = 450.011$、$df = 255$、$\chi^2/df = 1.766$、GFI = 0.921、AGFI = 0.9、RMSEA = 0.043、NFI = 0.94、CFI = 0.973、TLI = 0.968。所有拟合指标均符合拟合要求,模型拟合效果理想。

结构方程模型的拟合度分析结果见表4.32,结构方程模型如图4.7所示。

表4.32 结构方程模型的拟合度分析结果

指标	得分	标准
χ^2/df	1.766	1~3
RMSEA	0.043	<0.07
GFI	0.921	>0.9
AGFI	0.9	>0.9
NFI	0.94	>0.9
TLI	0.968	>0.9
CFI	0.973	>0.9

六、模型与假设验证

从前述的相关分析中,我们可以发现变量两两之间存在的关联性,但是并不能以此来作为因果关系的判断标准。本研究在相关分析的基础上,进一步构建结构方程模型,并试图通过路径分析、Bootstrapping 以及多群组分析等多样的方法来验证概念模型和相关假设。

首先,假设 H1 到假设 H11 通过路径分析来验证,旨在分析研究变量两两之间的直接关系。其次,假设 H6 到假设 H13 通过 Bootstrapping 来验证,旨在分析消费者感知价值、企业社会责任感知以及参与意愿在参与型企业社会责任影响机制中可能存在的关键中介作用。最后,假设 H14 通过多群组分析来验证,通过将个体自我建构变量按照建构(独立型和互依型)水平进行分组来确认该变量在参与型企业社会责任活动类型与消费者感知价值关系中的调节作用,揭示参与型企业社会责任影响机制中可能存在的边界条件。

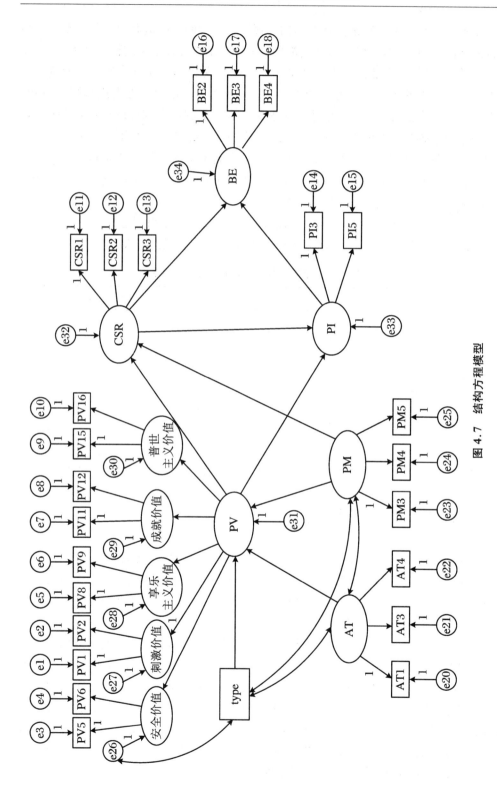

图 4.7 结构方程模型

（一）直接效果检验——路径分析

为了检验参与型企业社会责任活动类型对感知价值、企业社会责任感知、参与意愿及品牌资产的影响，本研究首先通过路径分析考察这些变量两两之间的直接关系，并在此基础上根据研究结果分析假设 H1 到假设 H11 的支持情况。结合本研究的结构方程模型，研究变量间两两关系的路径一共有 9 条(图 4.8)：一是从参与型企业社会责任活动类型到消费者感知价值的路径；二是从参与型企业社会责任活动类型到消费者企业社会责任感知的路径；三是从参与型企业社会责任活动类型到消费者参与意愿的路径；四是从参与型企业社会责任活动类型到品牌资产的路径；五是从消费者感知价值到企业社会责任感知的路径；六是从消费者感知价值到其参与意愿的路径；七是从消费者企业社会责任感知到其参与意愿的路径；八是从消费者企业社会责任感知到品牌资产的路径；九是从消费者参与意愿到品牌资产的路径。

接下来，我们将通过路径分析方法对上述 9 条路径逐一进行分析。

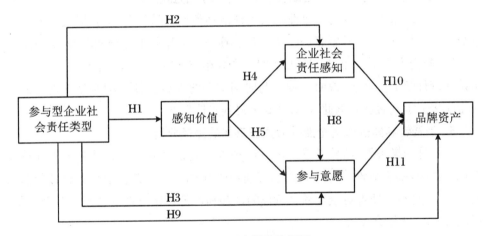

图 4.8 研究假设路径图

1. 参与型企业社会责任活动类型到消费者感知价值的路径分析

从统计结果来看，参与型企业社会责任活动类型在 95% 置信区间内对感知价值有正向积极影响，影响系数 β 为 0.088 且显著（$p<0.05$）。换言之，当企业社会责任活动类型从 1（金钱型）变为 2（时间型）时，消费者从企业社会责任活动中感知的价值则相应地增加 0.088 个单位。即与金钱型企业社会责任活动相比，消费者在时间型企业社会责任活动中感知的价值更高。因此，假设 H1 得到支持。

2. 参与型企业社会责任活动类型到消费者企业社会责任感知的路径分析

从统计结果来看，参与型企业社会责任活动类型对消费者企业社会责任感知有积极影响，影响系数 β 为 0.019，但不显著（$p=0.62$）。换言之，当企业社会责任活动类型从 1（金钱型）变为 2（时间型）时，消费者对企业社会责任活动的认知和评价(企业社会责任感知)会相应地增加0.019个单位。然而,因为增加幅度较小且在统计学上不显著,所以金钱型与时间型企业社会责任活动之间的认知差异未能得到验证。即消费者对参与型企业社会责任活动的评价并不随其类别(金钱型和时间型)的不同而改变。因此,假设H2未得到支持。

3. 参与型企业社会责任活动类型到消费者参与意愿的路径分析

从统计结果来看,参与型企业社会责任活动类型对消费者参与意愿有消极影响,影响系数 β 为 -0.037,但不显著($p=0.38$)。换言之,当企业社会责任活动类型从1(金钱型)变为2(时间型)时,消费者对企业社会责任活动的参与意愿会相应地减少0.037个单位。然而,该结果在统计学上不显著,说明金钱型与时间型企业社会责任活动对消费者参与意愿的直接影响未能得到验证。即消费者对参与型企业社会责任活动的参与意愿并不随其类别(金钱型和时间型)的不同而改变。因此,假设H3未得到支持。

4. 参与型企业社会责任活动类型到品牌资产的路径分析

从统计结果来看,参与型企业社会责任活动类型对品牌资产有消极影响,影响系数 β 为 -0.024,但不显著($p=0.57$)。换言之,当企业社会责任活动类型从1(金钱型)变为2(时间型)时,企业品牌资产会相应地减少0.024个单位。然而,该结果在统计学上不显著,说明金钱型与时间型企业社会责任活动对品牌资产的直接影响未能得到验证。据此,假设H9未得到支持。

5. 消费者感知价值到企业社会责任感知的路径分析

从统计结果来看,消费者感知价值在99%的置信区间内对企业社会责任感知有积极影响,影响系数 β 为0.529,且显著($p<0.01$)。换言之,消费者感知价值每增加1个单位,消费者对企业社会责任的认知和评价会相应地增加0.529个单位。因此,假设H4得到支持。

6. 消费者感知价值到其参与意愿的路径分析

从统计结果来看,消费者感知价值在99%的置信区间内对参与意愿有积极影响,影响系数 β 为0.764,且显著($p<0.01$)。换言之,消费者感知价值每增加1个单位,消费者对企业社会责任活动的参与意愿会相应地增加0.764个单位。因此,假设H5得到支持。

7. 消费者企业社会责任感知到其参与意愿的路径分析

从统计结果来看,消费者企业社会责任感知对其参与意愿有消极影响,影响系数 β 为 -0.062,但不显著($p=0.36$)。换言之,消费者感知价值每增加1个单位,消费者对企业社会责任活动的参与意愿会相应地减少0.062个单位。然而,该结果在统计学上不显著,说明消费者企业社会责任感知对其参与意愿的直接影响未能得到验证。因此,假设H8未得到支持。

8. 消费者企业社会责任感知到品牌资产的路径分析

从统计结果来看,消费者企业社会责任感知在99%的置信区间内对品牌资产有积极影响,影响系数 β 为 0.499,且显著($p<0.01$)。换言之,消费者企业社会责任感知每增加 1 个单位,品牌资产会相应地增加 0.499 个单位。因此,假设 H10 得到支持。

9. 消费者参与意愿到品牌资产的路径分析

从统计结果来看,消费者参与意愿在99%的置信区间内对品牌资产有积极影响,影响系数 β 为 0.257,且显著($p<0.01$)。换言之,消费者参与意愿每增加 1 个单位,品牌资产会相应地增加 0.257 个单位。因此,假设 H11 得到支持。

综上,通过结构方程模型的路径结果发现,参与型企业社会责任活动类型显著影响感知价值,而感知价值又显著影响企业社会责任感知和参与意愿。而且企业社会责任感知和参与意愿对企业的品牌资产产生了积极影响。结构方程模型的影响系数如图 4.9 所示,显著的路径用实线表示,不显著的路径用虚线表示,线上的数值代表影响系数。与此同时,本研究将通过路径分析验证的研究假设支持情况进行了汇总并整理在表 4.33 中。

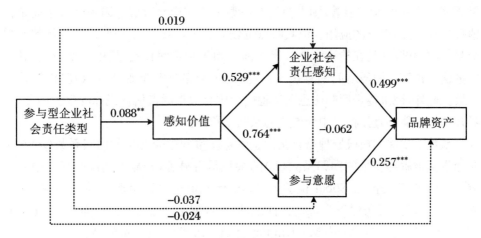

图 4.9 影响系数图

注:*** 表示在 0.01 的水平上显著;** 表示在 0.05 的水平上显著。

表 4.33 变量间直接关系检验

假 设	路 径	系 数	SE	CR	p 值	支持情况
H1	type→PV	0.088	0.111	2.228	0.031	支持
H2	type→CSR	0.019	0.087	0.496	0.616	不支持
H3	type→PI	-0.037	0.114	-0.875	0.384	不支持
H9	type→BE	-0.024	0.076	-0.575	0.566	不支持
H4	PV→CSR	0.529	0.049	9.363	0.000	支持

续表

假 设	路 径	系 数	SE	CR	p 值	支持情况
H5	PV→PI	0.764	0.085	8.931	0.000	支持
H8	CSR→PI	-0.062	0.079	-0.906	0.364	不支持
H10	CSR→BE	0.499	0.045	8.584	0.000	支持
H11	PI→BE	0.257	0.037	4.644	0.000	支持

注:SE(standard error)表示标准误;CR(composite reliability)表示组合信度。

(二) 中介效果检验——Bootstrapping

一般而言,中介效果验证的常用方法有两种:一种是因果逐步回归法,另一种是系数乘积法。因果逐步回归法由 Baron 和 Kenny(1986)提出。其检验步骤是先确认解释变量到被解释变量的回归系数(c)是否显著,然后确认解释变量到中介变量的回归系数(a)是否显著,最后将中介变量加入解释变量对被解释变量进行回归,检验中介变量到被解释变量(b)以及解释变量到被解释变量(c')的回归系数是否显著。若 a 和 b 均显著,则说明研究模型中存在中介效应。因为该方法简单易理解,所以受到广泛的应用。但其缺点也较为突出,因果逐步回归法较为依赖对单个路径的测试,并且在检测中介效果之前必须先确定解释变量、中介变量、被解释变量这三种变量两两之间的直接关系,因此对于完全中介效果[①]的检验作用非常有限。此外,因果逐步回归法也无法检验出中介效果的点估计或标准误。因此,学界开始转向能够直接检验中介效应的系数乘积法。

系数乘积法的检验原理是直接检验解释变量到中介变量的回归系数(a)与中介变量到被解释变量的回归系数(b)的乘积是否显著,若显著则说明存在中介效应。系数乘积法包括 Sobel 检验和 Bootstrapping 两种检验方法。相对而言,Sobel 检验的适用条件较为苛刻。首先,样本数据必须符合正态分布,其次至少有1000 个及以上的样本数据(MacKinnon et al.,2002)。在变量的描述性统计中,我们得知本研究的样本符合正态分布。但是,本研究的样本量为 411,没有达到 Sobel 检验的要求。此外,与因果逐步回归法类似,Sobel 检验更适用于一个中介的模型检验(Holbert et al.,2003)。而本研究的理论模型中存在多个中介,因此本研究选择 Bootstrapping 检验法来实现中介效果的检验。

Bootstrapping 检验法的检验原理是以研究样本作为抽样总体,采用放回取样的方式,从研究样本中反复抽取一定数量的样本(如抽取 5000 次),进而重新建立

[①] 部分中介效果指的是解释变量对被解释变量有直接影响的同时,解释变量还通过中介变量间接影响被解释变量的情况;而完全中介效果指的是解释变量与被解释变量之间不存在直接关系,但是解释变量通过中介变量可以间接影响被解释变量。

起足以代表母体样本分布的新样本。因此，Bootstrapping 检验法相较于前两种方法具有鲜明的优点。首先，Bootstrapping 对样本量的大小没有限制，对于中小样本也同样适用。同时，Bootstrapping 不需要分布假设，能够避免系数乘积检验违反分布假设的问题。此外，该方法不依赖标准误，能够避免不同标准误产生的结果不一致问题。

因此，本研究选择 Bootstrapping 来检验参与型企业社会责任影响机制中可能存在的中介效应。具体而言，运行 Bootstrapping 之后，观察回归系数 a 和回归系数 b 的乘积项（$a*b$）在 95% 置信区间内是否包括数字零。如果 95% 置信区间内不包括零，则可认为中介效应显著；如果 95% 置信区间内包括零，则说明研究模型中不存在中介效应。

在参与型企业社会责任影响机制中，某些变量可能存在关键中介作用，如感知价值、企业社会责任感知以及参与意愿。结合本研究的研究假设和结构方程模型可知，需要检验的中介效应一共有两大类：第一类是参与型企业社会责任活动类型在影响企业社会责任感知和消费者参与意愿的过程中感知价值的中介作用；第二类是感知价值在影响品牌资产的过程中企业社会责任感知和消费者参与意愿的中介作用。下面我们将分类别逐一进行中介效应分析。

1. 感知价值的中介作用

为了检验感知价值在参与型企业社会责任活动类型与消费者对企业社会责任的评价与认知（企业社会责任感知）之间可能存在的中介作用，我们首先考察了结构方程模型中变量间的间接效应，并采用 Bootstrapping 检验了该间接效应在统计学上的显著性。研究中，我们选择了最大似然法作为参数估计法，重复抽样次数设为 5000 次，并且将置信区间设为 95%。

首先，在以感知价值为中介的参与型企业社会责任活动类型与企业社会责任感知的关系中，研究发现，参与型企业社会责任活动类型对企业社会责任感知的间接效应的系数为 0.047（$p<0.05$），且在 95% 置信区间内不包括零。这表明在"参与型企业社会责任类型→感知价值→企业社会责任感知"的路径中，感知价值的中介效应显著。在上一章的直接路径分析中，我们未能发现参与型企业社会责任活动类型与企业社会责任感知间存在直接关系。由此可知，感知价值在参与型企业社会责任活动类型与企业社会责任感知的关系中起完全中介作用。

其次，在以感知价值为中介的参与型企业社会责任活动类型与消费者参与意愿的关系中，研究发现，参与型企业社会责任活动类型对消费者参与意愿的间接效应的系数为 0.063（$p<0.05$），且在 95% 置信区间内不包括零。这表明在"参与型企业社会责任类型→感知价值→消费者参与意愿"的路径中，感知价值的中介效应显著。同样，在上一章的直接路径分析中，我们未能发现参与型企业社会责任活动类型与消费者参与意愿间存在直接关系。由此可知，感知价值在参与型企业社会

责任活动类型与消费者参与意愿的关系中起完全中介作用。

综上,参与型企业社会责任活动类型在影响企业社会责任感知和参与意愿的过程中感知价值存在中介效应,且起完全中介作用。因此,假设 H6 和假设 H7 得到支持。

感知价值的中介作用检验见表 4.34。

表 4.34 感知价值的中介作用检验

假设	路径	系数	SE	p 值	Boot 95%CI 低	Boot 95%CI 高	假设支持情况
H6	type→PV→CSR	0.047	0.022	0.028	0.005	0.092	支持
H7	type→PV→PI	0.063	0.031	0.037	0.003	0.124	支持

注:SE(standard error)表示标准误;CI(confidence interval)表示置信区间。

2. 企业社会责任感知与消费者参与意愿的中介作用

在感知价值影响品牌资产的过程中,为了检验企业社会责任感知与消费者参与意愿可能存在的中介效应,我们同样采用 Bootstrapping 检验了该间接效应在统计学上的显著性。研究中,我们选择了最大似然法作为参数估计法,重复抽样次数设为 5000 次,并且将置信区间设为 95%。与此同时,在企业社会责任感知与消费者参与意愿所链接的两条中介路径中,我们使用了 MacKinnon 等设计的 PRODCLIN2 小程序来分别计算每个中介路径效应的置信区间,以验证中介效应的存在与否。

首先是"感知价值→企业社会责任感知→品牌资产"路径。研究发现,感知价值对品牌资产的间接效应的系数为 $0.263(p<0.05)$,且在 95% 置信区间内不包括零。这表明,企业社会责任感知在感知价值与品牌资产的关系中存在中介作用,且其中介效应显著。

其次是"感知价值→消费者参与意愿→品牌资产"路径。研究发现,感知价值对品牌资产的间接效应的系数为 $0.196(p<0.05)$,且在 95% 置信区间内不包括零。这表明,消费者参与意愿在感知价值与品牌资产的关系中存在中介作用,且其中介效应显著。

最后,对比两条路径的中介效应系数可知,在感知价值影响品牌资产的过程中,企业社会责任感知的中介效应($\beta=0.263$)高于消费者参与意愿的中介效应($\beta=0.196$)。

综上,感知价值在影响品牌资产的过程中企业社会责任感知与消费者参与意愿均存在中介效应,且企业社会责任感知的中介作用更强。因此,假设 H12 和假设 H13 得到支持。

企业社会责任感知和消费者参与意愿的中介作用检验见表 4.35。

表 4.35　企业社会责任感知和消费者参与意愿的中介作用检验

假设	路径	标准化系数	非标准化系数	MacKinnon 95%CI		假设支持情况
				低	高	
H12	PV→CSR→BE	0.263	0.176	0.115	0.247	支持
H13	PV→PI→BE	0.196	0.131	0.066	0.212	支持

注：CI(confidence interval)表示置信区间。

(三) 调节效果检验——多群组分析

基于消费者个性特质可能影响参与型企业社会责任机制效果的猜想，本研究提出假设 H14。即消费者自我建构在参与型企业社会责任活动类型影响消费者感知价值的过程中起调节作用。因此，研究模型以个体自我建构(独立型和互依型)水平进行分组后，通过结构方程模型中的多群组分析来验证分析该变量在参与型企业社会责任活动类型与消费者感知价值关系中的调节作用。其目的在于确认参与型企业社会责任活动类型的影响机制中可能存在的边界条件。

我们根据前述变量设置与数据处理方法，将样本数据分成独立型自我建构样本组与互依型自我建构样本组两个组别。结果显示，在本研究的全部 411 个样本中，独立型自我建构组的样本量为 177 个，互依型自我建构组的样本量为 232 个。之后，通过结构方程模型对两个组别进行了路径分析，分析结果如图 4.10 所示。

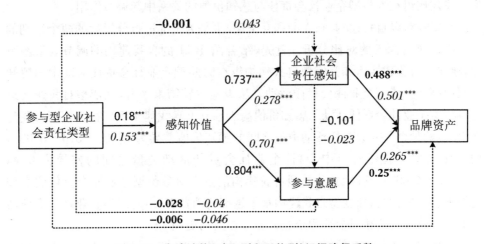

图 4.10　自我建构(独立型和互依型)组间路径系数

注：黑色加粗数字为独立型自我建构组的路径系数，斜体数字为互依型自我建构组的路径系数；*** 表示在 0.01 的水平上显著。

我们对比了未分组的整体研究模型(图 4.9)与以自我建构水平(独立型和互依型)水平为基准进行分组后的研究模型间存在的研究结果间的差异。研究发现，三组模型的研究结果之间并无明显差异。即通过自我建构水平进行分组后的两个研究模型(独立型自我建构组和互依型自我建构组)中各变量间的关系与以全部数据为对象的整体研究模型中的结果保持一致。换言之,在整体模型中两个变量间是否存在关系及存在何种关系,在分组后的两个研究模型中上述两个变量间的关系同样存在。不同点在于,以全部数据为研究对象的整体模型在95%的置信区间内显著,而以自我建构水平进行分组后的研究结果在99%的置信区间内显著。分组后研究结果的可信度得到提升。这也进一步说明了以消费者自我建构水平对数据进行分组研究的必要性。

本研究采用多群组分析来验证自我建构的调节作用。多群组分析是一种在两个或两个以上群组中探讨组间差异的统计分析方法。结构方程模型的多群组分析是将变量中包含的误差项去除后,再进行组间比较,因此能够提高研究结果的可靠性。

验证结果显示,在独立型自我建构组中,参与型企业社会责任活动类型对感知价值的路径系数为 0.18,且在 95%置信区间内不包括零。这说明在独立型自我建构组中,参与型企业社会责任活动类型积极影响感知价值。与此同时,在互依型自我建构组中,参与型企业社会责任活动类型对感知价值的路径系数为 0.153,且在 95%置信区间内不包括零。这说明在互依型自我建构组中,参与型企业社会责任活动类型同样积极影响感知价值。更重要的是,在进行多组别分析后发现,卡方值 $\chi^2 = 4.47(p = 0.034)$。这说明,在 95%的置信水平下,独立型自我建构组与互依型自我建构组在参与型企业社会责任与感知价值的关系中起调节作用。

本研究对以自我建构(独立型和互依型)水平为基准进行分组后的两个组别的研究模型进行深入的对比分析。首先,结合图 4.11 的自我建构的调节效果图可知,独立型自我建构组和互依型自我建构组在时间型企业社会责任活动中的感知价值均高于金钱型企业社会责任活动。从组间比较结果来看,互依型自我建构组对参与型企业社会责任活动的感知价值高于独立型自我建构组。在互依型自我建构组中,两种企业社会责任活动类型之间的感知价值差异为 0.32(= 5.4 - 5.08),而在独立型自我建构组中,两种企业社会责任活动类型之间的差异为 0.44(= 5.13 - 4.69)。这说明,独立型自我建构消费者对参与型企业社会责任的类型更加敏感。换言之,独立型自我建构水平越高的消费者,由时间型企业社会责任活动形成的感知价值相对金钱型企业社会责任活动更高。

其次,结合图 4.10 的组间路径系数图,结果发现,在参与型企业社会责任活动类型对感知价值的影响、感知价值对企业社会责任感知和消费者参与意愿的影响方面,独立型自我建构组的路径系数高于互依型自我建构组。这说明,相较于具有较高互依型自我建构水平的消费者而言,具有较高独立型自我建构水平的消费者通过参与型企业社会责任感知到更高的价值,进而对企业社会责任评价更高,也具有更高的参与意愿。相反,在企业社会责任感知和消费者参与意愿对品牌资产的影响中,互依型自我建构组的路径系数较高。这说明,相较于具有较高独立型自我建构水平的消费者而言,具有较高互依型自我建构水平的消费者对企业社会责任活动的评价和参与意愿会更加显著地增加消费者对该企业品牌资产的认知。

综上,对调节效应的检验结果支持了假设 H14。消费者自我建构在参与型企业社会责任活动类型影响消费者感知价值的过程中起调节作用。

自我建构的调节效果检验结果见表 4.36,调节效果如图 4.11 所示。

表 4.36 自我建构的调节效果检验

路径	自我建构组别	系数	Boot 95%CI			组间比较
			Boot SE	低	高	
type→PV	独立型	0.18	0.017	0.148	0.214	$\chi^2 = 4.47, p = 0.034$
	互依型	0.153	0.013	0.129	0.181	

注:SE(standard error)表示标准误;CI(confidence interval)表示置信区间。

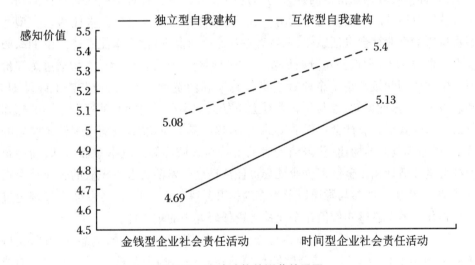

图 4.11 自我建构的调节效果图

第六节 概念模型修正、研究结果、意义与启示

本章主要对实证分析结果进行总结,分析其研究意义及实践启示、研究的局限性及今后的研究方向。

一、研究结果汇总

本章借鉴和融合了企业社会责任、价值、自我建构等理论,提出了参与型企业社会责任的影响机制模型和可能存在的边界条件。通过实证分析,验证了理论模型中涉及的大部分假设,明晰了参与型企业社会责任有效性的作用机制,合理阐述了企业社会责任的影响机制、边界条件和过程。具体的研究结果如下所示:

第一,参与型企业社会责任活动类型直接影响消费者感知价值,支持了假设H1。这表明时间型企业社会责任活动相比金钱型企业社会责任活动更能唤起消费者积极的感知价值,包括增加归属感(即安全价值),产生幸福、开心、快乐等积极的感受(即享乐主义价值和刺激价值),提升个人成就感(即成就价值)以及增强环境保护意识(即普世主义价值)等。可见,对于企业而言,鼓励消费者通过付出时间来参与企业社会责任活动是更为有效的企业社会责任策略。

第二,感知价值积极影响企业社会责任感知和参与意愿,支持了假设H4和假设H5。即消费者感知价值的提升与增加能够引发消费者对企业社会责任活动的积极认知及后续的积极参与行为等。并且,尽管参与型企业社会责任活动类型并不直接影响企业社会责任感知、消费者参与意愿及品牌资产,未能支持假设H2、假设H3、假设H9。但进一步分析后发现,参与型企业社会责任活动类型通过感知价值的中介作用间接影响了企业社会责任感知和消费者参与意愿,支持了假设H6和假设H7。据此可知,参与型企业社会责任活动类型通过唤起消费者不同的感知价值来影响其对企业社会责任活动的认知、提高其参与意愿,进而带来营销绩效的改善,如品牌资产的构建、获得消费者的支持与忠诚度等。就本章而言,时间型企业社会责任活动相比金钱型企业社会责任活动会引发消费者更积极的企业社会责任感知、产生更高的参与意愿以及更多地提升品牌资产。此外,这些研究发现也进一步强化了消费者感知价值在企业社会责任研究中的重要性。

第三,企业社会责任感知和参与意愿均被发现可直接正向影响品牌资产,支持了假设H10和假设H11。结合感知价值直接正向影响企业社会责任感知和消费者参与意愿这一研究结果,我们进一步分析了感知价值和品牌资产间的关系。结果显示,消费者感知价值通过企业社会责任感知和消费者参与意愿的中介作用积极影响品牌资产,支持了假设H12和假设H13。结合上述所有研究结果得出结论:相较于金钱型企业社会责任活动,消费者对时间型企业社会责任活动的认知与情感反应更积极,更愿意直接参与活动,并且更有利于品牌资产的构建。

值得注意的是,本章并未发现消费者企业社会责任感知与其参与意愿之间的直接关系,因此未能支持假设H8。积极的企业社会责任感知并不一定会导致积极的参与意愿。这种现象在传播学领域中被称为企业社会责任悖论(Kim et al.,

2019)。这指的是企业越积极履行社会责任,消费者越不认可该企业并拒绝给予正面反馈以及支持的现象。该现象产生的本质在于,随着现代营销学的发展,消费者每天接触大量的营销场景,获取了企业意图说服自己购买其产品或服务的动机和相关知识,因而将企业社会责任活动当作企业为了销售其产品或服务的新的营销手段。一旦消费者对企业开展社会责任活动的动机和目的产生质疑,企业就容易陷入社会责任困境,易引起企业社会责任悖论现象的产生。为此,我们将在下一章节进行额外的数据分析,确认参与型企业社会责任中企业社会责任悖论存在的可能性以及可能的应对之策。

总体而言,独立型自我建构消费者在所有参与型企业社会责任活动类型中都保持着较低的感知价值,而互依型自我建构消费者在所有参与型企业社会责任活动类型中都保持着较高的感知价值。但是,在比较了自我建构的各组别在不同的参与型企业社会责任活动类型中的表现发现,独立型自我建构水平较高的消费者对参与型企业社会责任活动类型的反应更敏感,假设 H14 得到支持。即相较于互依型自我建构消费者而言,独立型自我建构消费者随着参与型企业社会责任活动类型的转变,其感知价值增加或减少的幅度更大。研究假设支持情况见表 4.37。

表 4.37 研究假设支持情况汇总

研 究 假 设		支持情况
H1	参与型企业社会责任活动类型影响消费者感知价值。即相较于金钱型企业社会责任活动,消费者从时间型企业社会责任活动中感知到更高的价值	支持
H2	参与型企业社会责任活动类型影响消费者企业社会责任感知。即相较于金钱型企业社会责任活动,消费者对时间型企业社会责任活动的评价更积极	不支持
H3	参与型企业社会责任活动类型影响消费者参与意愿。即相较于金钱型企业社会责任活动,消费者对时间型企业社会责任活动的参与意愿更高	不支持
H4	在参与型企业社会责任中,感知价值正向影响企业社会责任感知	支持
H5	在参与型企业社会责任中,感知价值正向影响消费者参与意愿	支持
H6	参与型企业社会责任活动类型通过感知价值间接影响企业社会责任感知	支持
H7	参与型企业社会责任活动类型通过感知价值间接影响消费者参与意愿	支持
H8	在参与型企业社会责任中,企业社会责任感知正向影响消费者参与意愿	不支持
H9	参与型企业社会责任活动类型影响品牌资产。即相较于金钱型企业社会责任,履行时间型企业社会责任的企业具有更多的品牌资产	不支持

续表

研究假设		支持情况
H10	在参与型企业社会责任中,企业社会责任感知正向影响品牌资产	支持
H11	在参与型企业社会责任中,消费者参与意愿正向影响品牌资产	支持
H12	在参与型企业社会责任中,感知价值通过企业社会责任感知间接影响品牌资产	支持
H13	在参与型企业社会责任中,感知价值通过消费者参与意愿间接影响品牌资产	支持
H14	自我建构在参与型企业社会责任活动类型与感知价值的关系中起调节作用	支持

二、概念模型修正

根据研究假设的支持情况,概念模型修正如图4.12所示。实证检验结果与理论探讨基本一致,消费者从参与型企业社会责任活动中感知的价值受到企业社会责任活动类型的影响。虽然参与型企业社会责任活动类型不直接影响消费者的企业社会责任认知、参与意愿以及品牌资产,但是参与型企业社会责任活动类型通过感知价值这一关键变量的中介作用,可以间接对消费者的企业社会责任认知和参与意愿产生影响。此外,消费者感知价值对品牌资产的影响则可以通过企业社会责任感知和消费者参与意愿的中介作用来实现。消费者个性特质因素——自我建构(独立型和互依型)在参与型企业社会责任活动类型与感知价值中起到调节作用。

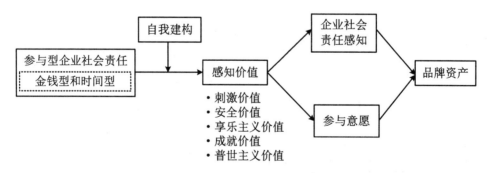

图4.12 修正后的概念模型

从修正后的概念模型中可以看出,参与型企业社会责任的影响机制主要通过感知价值这个关键中介来实现。消费者从企业社会责任活动中感知到的价值链接了企业社会责任活动与消费者认知(如企业社会责任感知、参与意愿)和营销结果

(如品牌资产等)。并且,消费者自我建构水平是参与型企业社会责任的边界条件。独立型自我建构水平较高的消费者相较于互依型自我建构水平较高的消费者而言,对参与型企业社会责任活动类型的反应更为敏感。

三、研究意义与启示

(一)研究的理论意义

本章研究旨在探索参与型企业社会责任的作用机制以及可能的影响条件,主要有如下理论意义:

第一,聚焦于消费者为主体的参与型企业社会责任,并对其有效性进行了探讨与验证。现有的企业社会责任文献大多关注传统的企业单方面履行的社会责任活动,而较少关注包括消费者在内的其他利益相关者的作用(Hildebrand et al.,2017;Zhu et al.,2017;Baskentli et al.,2019)。同时,现有企业社会责任不同类别之间的差异性研究主要基于 Carroll 于 1991 年提出的"金字塔"模型或 Elkington 于 1998 年提出的"三重底线"理论(Kuokkanen et al.,2019;Maignan,2001;Currás-Pérez et al.,2018;Golob et al.,2008)。这些研究虽然获得了一些有意义的研究结论,但却难以给予企业较为清晰的指导,即无法明确地回答企业在商业实践中应该履行何种社会责任及其有效性如何等问题。我们发现,不同的参与型企业社会责任活动会使消费者形成不同的感知价值与参与意愿。该结果支持了 Howie、Yang 和 Vitell(2018)的观点,不同类型的企业社会责任活动会导致消费者不同的认知和行为反应。事实上,我们的研究遵循刺激—心理—行为的理论逻辑对上述学者的研究进行了拓展与深入,即分析不同类型的参与型企业社会责任活动的路径机制和边界条件,有效探讨引导消费者积极参与的企业社会责任策略。

第二,拓展了时间的固有模糊性理论在企业社会责任领域的应用。该理论重点剖析了时间与金钱这两个重要资源之间存在的本质差异,为企业社会责任活动分类提供了一个新的研究视角。更重要的是,该理论为参与型企业社会责任活动类别引发的消费者不同认知和行为反应提供了更深层次的解释框架。比如,时间在使用上具有灵活性和随意性等特征,并且不可储藏和置换,因此消费者对于付出时间参与的企业社会责任活动的感知价值相对更高。事实上,时间的固有模糊性理论还为 Ellen、Webb 和 Mohr(2006)和 Hildebrand、DeMotta 和 Sen(2017)发现的企业社会责任中消费者的心理偏差现象提供了一个更高水平的理论框架。两位学者发现,在企业社会责任中,消费者认为非货币性的付出比货币性的付出更纯粹、蕴含了更大的努力,进而引发更多的情感反应。这种心理偏差的根本原因可能是时间本身具有模糊性,其价值难以像金钱一样进行准确估计和换算(Okada et al.,2004)。当消费者花费时间去完成某事时,可能会夸大其作用和影响。

第三，首次将双过程理论运用于企业社会责任领域。双过程理论强调的是个体在决策过程中存在两个平行且相互作用的系统——理性系统和经验系统（Epstein et al.，1992），并且在不同的情境下进行决策时，会激活不同的信息加工模式（Saini et al.，2008）。基于时间与金钱的本质差异以及既有的研究发现，我们可大胆推论，双过程理论适用于企业社会责任领域研究。实证分析结果印证了企业社会责任中消费者双过程信息处理系统存在的可能性。事实上，双过程理论在企业社会责任领域中的应用，为理解消费者参与企业社会责任活动提供了新的理论分析框架，有助于企业社会责任研究的纵深发展。

第四，拓宽了 Schwartz（1992）价值理论在企业社会责任领域的应用。首先，我们确定了感知价值是参与型企业社会责任中影响消费者认知与行为的关键驱动因子。在以往强调感知价值在企业社会责任中存在的研究基础上，证实了感知价值的中介作用（Currás-Pérez et al.，2018；Green et al.，2011；Golob et al.，2019）。结果显示，幸福感、独特性、归属感、成就感、环保意识等的获取与增强不仅提升了消费者对企业的积极认知，也直接影响消费者对企业社会责任活动的参与意愿。与此同时，我们通过广泛应用 Schwartz（1992）的价值分类，将参与型企业社会责任类别与消费者的参与意愿进行链接。在 Schwartz（1992）的价值分类中有两组相互对立的价值维度。但以往的研究主要涉及"自我超越"与"自我提升"这一组对立维度。例如，Matten 和 Crane（2005）及 Zasuwa（2016）研究了普世主义价值（自我超越维度），Golob、Podnar 和 Koklič（2019）分析了享乐主义价值（自我提升维度）。但是，我们在该组对立维度的基础上，增加了对"开放"和"保守"这一组对立维度的探索。经分析发现，消费者可以在参与型企业社会责任活动中同时感知这两组对立维度所包含的价值。该结果验证了 Green 和 Peloza（2011）的主张。即在某一特定的单一企业社会责任活动中，消费者会同时感知到多样的价值。更重要的是，所有这些感知价值均会积极影响消费者对企业社会责任活动的认知和参与意愿，并最终对企业的品牌资产产生影响。综上，我们揭示了 Schwartz 价值理论在微观企业社会责任领域，特别是参与型企业社会责任研究中的重要性，应予以充分重视。

第五，为 Ahn 和 Lee（2020）的研究提供了一些新的启示。两位学者对参与型企业社会责任进行了有意义的探索，认为消费者参与企业社会责任活动有两种作用——提供"温暖的辉光"和强加"感知成本"。首先，Schwartz 的价值理论和时间的内在模糊性理论能够为两位学者的主张提供理论解释框架。具体而言，Schwartz 的价值理论可以有效衡量和测度企业社会责任活动为消费者提供的"温暖的辉光"作用。而时间固有模糊性理论能够帮助我们理解消费者在参与企业社会责任活动时所带来的货币和/或非货币损失，以解释感知成本的形成。其次，本章研究结果为两位学者的主张提供了实证支持。尽管不同类型的社会责任引发的消费者感知价值有所不同，但总体而言，消费者的感知价值的平均分均在 4.9 以上。这体现了两位学者提出的企业社会责任的"温暖的辉光"作用。与此同时,研究发现,时间型企业社会责任的有效性优于金钱型企业社会责任。这反映了由时间和金钱概念引发的在不同信息处理模式下对"强加感知成本"的差异性。

此外,以往的研究大都侧重于企业社会责任对企业声誉、企业形象以及消费者支持和购买意愿等方面的影响,缺乏对品牌资产的关注。本章研究通过对参与型企业社会责任类型的实证分析,检验了企业社会责任对品牌资产可能的影响。研究发现,企业社会责任通过消费者感知价值、企业社会责任感知以及参与意愿等中介变量的作用间接影响企业品牌资产的构建。这为未来进一步探索企业社会责任对品牌资产构建的战略性作用奠定了基础。

最后,通过考察消费者自我建构的调节效果,扩充了个性特质因素在企业社会责任领域的研究。学界对于消费者个性特质的作用研究主要集中于营销领域,常见的有消费者-企业认同、消费者自我效能、调节焦点等变量(Bhattacharya et al., 2004)。而企业社会责任文献中则较少涉及这些因素。本章研究基于自我建构理论,以自我建构(独立型和互依型)水平为调节变量,分析了自我建构在参与型企业社会责任中的影响。研究发现,相较于互依型自我建构消费者,独立型自我建构消费者对参与型企业社会责任的类别反应更敏感,验证了个体层面因素在企业社会责任领域的作用。此外,本章研究还发现,互依型自我建构消费者对于企业社会责任的整体评价较高。考虑到我国消费者深受儒家文化和集体主义的影响,下一章中将具体针对互依型自我建构进行更详细的数据分析,旨在为企业履行参与型企业社会责任提供更有借鉴意义的研究发现。

(二) 实践管理启示

随着移动互联网技术和社交媒体的蓬勃发展,使得消费者直接参与企业社会责任活动变得可能。本章研究基于现实,通过对比阿里集团的蚂蚁森林项目与农夫山泉的"一分钱公益"活动,进行了参与型企业社会责任理论框架的构建。之后,我们实证分析了参与型企业社会责任活动类别如何影响消费者认知和行为的反应并最终影响企业的品牌资产构建。本章研究的结论给企业管理者、营销人员及相关从业者提供了若干管理实践方面的启示。具体而言:

第一,企业管理者在设计参与型企业社会责任活动时,应更多地关注消费者参与的方式。因为消费者对不同的参与方式可能会有不同的反应。本章研究结果表明,在鼓励消费者参与企业社会责任活动方面,要求消费者付出时间是比付出金钱更好的选择。这为企业确定合适的社会责任活动提供了借鉴。与付出金钱相比,消费者在企业社会责任活动中的时间投入能够引发更加积极的感受和情绪,提升个人的自我成就感和向他人表达自我的需求,从而产生更积极的企业社会责任感知和参与意愿。因此,企业管理者与相关从业人员在企业社会责任活动中需要格外关注消费者的参与方式,避免单纯依赖于鼓励消费者捐款或购买企业产品的传统的企业社会责任营销策略。相反,企业应该积极鼓励消费者花时间来参与企业社会责任活动,以获得消费者对企业履行社会责任的认可与支持。

第二,企业应以优化消费者对企业社会责任活动中的感知价值为目标,增加消费者对企业社会责任活动的参与度。研究发现,消费者对企业社会责任活动的支持与参与来源于从活动中获得的感知价值,而非活动本身。因此,企业在设计社会责任活动时,要以满足顾客的内在需求(如感到开心和快乐)和外在诉求(如保持身心健康、省钱以及保护环境)为目标。此外,已有研究指出,消费者在作出决策时,通常会采取功利性的视角,即消费者通常会优先考虑那些能给自己带来最大收益或付出最小代价的产品或服务。因此,企业的社会责任活动能否给消费者提供更多的价值决定了该活动是否能够获得消费者的支持。一个有效的策略是,企业在履行社会责任之前可以通过访谈、调研等多种方法找寻以下问题的答案:消费者参与企业社会责任活动能够获得什么好处?消费者最希望企业社会责任活动能够体现哪些价值内容?

第三,尽管企业社会责任已被证明是能够提升企业形象与声誉、构建品牌资产的一个战略性工具,但我们仍然建议企业在履行社会责任时应保持谨慎态度。基于说服知识模型,随着时间的推移,消费者逐渐熟悉企业的营销意图和营销策略,从而对企业产品的品质或企业行为本身产生质疑。因此,企业的大规模捐赠等慈善公益活动可能并不一定能够积极鼓励消费者参与企业社会责任活动。相反,倡导或宣传企业的慈善行为可能会被消费者认为是企业盈利的营销工具。已有研究指出,企业履行社会责任可能会激活消费者的说服知识,使其陷入企业社会责任困境(Kim et al.,2019)。企业需要尽量让消费者意识到:履行社会责任除了能够增加企业自身的声誉、提高形象之外,更重要的是,能够满足消费者的需求,以及能够对环境、国家、社会等广义的利益相关者都产生积极作用。对此,企业可以采取的措施是:首先,利用社交媒体优化其互动能力,积极引导消费者点赞、收藏、转发等,进而吸引消费者参与企业社会责任活动;其次,将企业社会责任活动设计得更加有趣、好玩,使其"游戏化",通过满足消费者的需求来刺激消费者的积极参与。

四、研究局限与展望

本章研究为探索参与型企业社会责任的作用机制和可能存在的边界条件,在既有研究的基础上选定研究变量并进行实证分析,具有较强的理论和实践意义。但同时,本章研究具有一定的局限性。具体如下:

第一,鉴于饮料食品行业与普通消费者的联系较为密切,本章研究在设计实验时,选择了食品(饮料)企业作为履行社会责任的主体。但是,本章研究的结论是否可以推广至其他行业尚未可知。因此,在今后的研究中,我们有必要对不同行业加以研究,消除行业间差距引发的结果偏差,以增加研究结果的普适性。或者,考虑到行业及企业间的差异性,未来的研究可以通过关注企业社会责任活动与企业产品或服务等的适用性来进一步探索企业社会责任的战略性作用。第二,本章研究在上海进行了实验调研,因此在其他国家或地区中开展企业社会责任活动时,应谨慎应用本章的研究结论。已有研究指出,消费者对企业社会责任的感知具有文化情境的敏感性(Perry,2012;Chen et al.,2019)。因此,在未来的研究中,将现有模型应用于其他国家或地区,通过感知价值这一中介变量验证参与型企业社会责任的有效性在不同文化背景下是否存在差异具有重要意义。第三,本章研究选择了消费者最为熟悉或最常接触到的环保主题进行了实验设计。但是,企业社会责任活动的主题丰富、内容多样,未来有必要对其他类型的企业社会责任活动展开研究,如扶贫、非遗传承、乡村振兴等,以期获得更有意义的研究结论。

此外,在未来的研究中,还可以从以下几个方面对本章研究进行拓展与深入。比如,本章研究基于时间的内在模糊性理论将参与型企业社会责任活动分成了金钱型与时间型两大类别。在后续的研究中,我们可以对金钱型与时间型企业社会责任活动分别加以细化分析。对于时间型企业社会责任活动,可以探索消费者时间投入的频率(一天多少时间和一周多少时间)是否会影响以及如何影响消费者的认知和行为反应。对于金钱型企业社会责任活动,可以检验企业与消费者的配捐比例与额度的配适度是否会影响以及如何影响消费者的认知和行为反应。试想一下,消费者会更喜欢自己捐赠1分钱企业配捐1分钱的模式还是更喜欢自己捐赠10元钱企业配捐30元钱的模式呢?

又如,本章在研究感知价值变量时,选择了刺激价值、安全价值、享乐主义价值、成就价值、普世主义价值这5种价值作为衡量消费者在参与型企业社会责任活动中感知到的价值,并且通过实证验证发现消费者在参与型企业社会责任活动中可以同时感知到这些价值。但我们的研究尚未对这些价值进行逐一分析,未能掌握这5种价值在消费者心中的权重情况。因此,在未来的研究中,我们可以进一步对这5种价值进行微观层面的具体分析,探讨哪个或哪些价值会引发消费者更积极的认知反应,进而为企业开展适宜的社会责任活动提供更具实践指导意义的研究发现。同时,还需要考虑消费者时间投入的频率会如何影响消费者参与企业社会责任活动的认知或意愿。

消费者个性特质因素繁多,对个体层面的企业社会责任机制的研究作用重大。然而,在企业社会责任领域中,目前学者们对消费者个性特质因素的关注不多,本章研究也仅分析了消费者自我建构水平。在后续的研究中,我们希望可以对消费者多样的个性特质因素加以探讨,比如消费者共鸣(empathy)、同理心(sympathy)、不确定性回避倾向、消费者信任以及社会责任感知可控性(controllability)等,以进一步明晰企业社会责任机制中的边界条件。

第五章　参与型企业社会责任归因对品牌资产影响的实证研究

本章主要考察在参与型企业社会责任情境下，消费者对企业社会责任如何归因，以及如何塑造品牌资产的框架。本章以归因理论为视角，重点分析消费者参与意愿在参与型企业社会责任中的中介效应以及互依型自我建构水平的调节作用，以厘清企业社会责任对品牌资产的复杂影响。本章主要内容包括现有研究的回顾、提出研究假设、进行数据分析、展示实证研究结果以及对本章内容进行小结等。

第一节　研究回顾及述评

企业社会责任是一个涉及管理学、营销学和商业伦理学领域的跨学科研究，并且企业社会责任的有效性研究受到学界的广泛关注(Yang et al.,2019)。品牌资产指的是品牌为产品服务增加的附加效用或价值。营销学者们认为企业社会责任在构建品牌资产中发挥着重要作用(Lai et al.,2010;Hsu,2012;Hur et al.,2014)。然而，关于企业社会责任与品牌资产之间关系的研究迄今为止未能达成一致结论(Orlitzky et al.,2003;Luo et al.,2006)。

虽然许多研究发现企业社会责任与品牌资产之间存在正相关关系(Singh et al.,2017;Yang et al.,2019)，但品牌的企业社会责任实践往往被认为是受企业自身利益驱动或被认为是漂绿(greenwashing)，这可能会引起企业社会责任与品牌资产之间的负向关系(Arora et al.,2011)。目前已有充分的证据表明，消费者对企业社会责任的认知和推论会影响其对企业品牌的认知反应，如品牌偏好、品牌忠诚、正面口碑等(Folse et al.,2010;Torres et al.,2012)。因此，企业社会责任对品牌资产是否具有正向影响可能取决于对企业社会责任的归因或推论，而非企业社会责任本身。换言之，消费者对企业社会责任动机的归因可能是影响社会责任活动与品牌资产之间关系的核心变量。无论消费者将企业开展社会责任活动的动机归因于无私帮助他人还是归因于漂绿等自利需求，对于品牌资产的构建可能会产生完全相反的结果。

然而，目前关于消费者对企业履行社会责任的动机归因与企业品牌资产之间关系的研究相对较少。并且,正如 Aguinis 和 Glavas(2012)所发现的那样,当前的企业社会责任研究在很大程度上忽略了对个体层面的探索。两位学者整理了发表在学术期刊上的与企业社会责任相关的文献,发现只有4%的企业社会责任研究关注了个体层面,多数研究关注的是企业层面、组织层面,甚至从国家和社会等宏观视角进行研究。这造成了既有的从企业层面考察企业社会责任与品牌资产关系的研究结果不一致甚至相互矛盾的情况。因此,有必要从个体层面系统探讨企业社会责任与品牌资产之间的关系,以及二者之间的内在机制和可能存在的边界条件。

此外,既有研究多从宏观层面研究企业社会责任的原因可能是从个体视角对企业社会责任进行研究较为困难,特别是个体的心理活动及变化更是难以捉摸。而参与型企业社会责任则使基于个体层面的企业社会责任研究成为可能。首先,参与型企业社会责任可以实现个体内在心理变化的可视化和可衡量化。其次,参与型企业社会责任活动相对于其他企业社会责任活动而言,其最大的特征是鼓励消费者积极参与。在引导消费者参与企业社会责任活动的过程中,消费者对品牌的态度和对企业社会责任的感知均会通过其对企业社会责任活动的参与意愿直观呈现。而其他以企业为主导、不需要消费者参与的企业社会责任活动则缺少与消费者及其他利益相关者的积极互动,难以根据某一外在行为来直观测度消费者的内在心理认知变化(Westberg et al.,2014)。最后,消费者参与意愿作为营销领域的重要变量已被广泛研究,测量方法也较为成熟。因此,通过对消费者参与意愿的测度,能够较好地衡量和了解消费者的心理。

与此同时,目前尚未有研究深入探讨参与型企业社会责任归因的作用与影响。既有研究发现,善因营销的成功与否会受到与企业社会责任归因相关的消费者怀疑的影响(Youn et al.,2008)。如果消费者对企业履行社会责任的真诚动机产生怀疑,将其归因于通过履行社会责任来获得更多的营销成果或企业利益,将会导致负面口碑、消费者抵制等负面结果(Donia et al.,2019)。因此,本章选择参与型企业社会责任为研究情境,通过分析消费者的参与意愿来探索影响企业社会责任有效性的相关因素及其内在作用机制,以期更深入地揭示个体层面企业社会责任的影响。

第二节 研究假设与概念模型

一、企业社会责任归因与品牌资产

企业社会责任有着丰富的研究历史,学者们从不同的领域和流派对其进行了多样的理论定义（Carroll，1999；Waddock，2004；Peloza，2009）。例如，根据 Matten 和 Moon（2008）的研究，企业社会责任指的是企业为更广泛的社会利益（群体）承担责任而实施的政策和进行的实践。而 Dahlsrud（2008）则认为企业社会责任是企业在自愿的基础上在其业务运营以及与利益相关者的互动中融入社会和环境问题。但无论此定义如何变化，企业社会责任始终离不开对他人超越了法律和合同规定的义务之外的"行善"（Khan et al.，2012）。以往从宏观层面考察企业社会责任与品牌资产关系的研究仅从企业社会责任积极的一面出发，认为企业社会责任除了通过提高企业声誉或品牌公信力外，还会对品牌资产产生积极的影响（Vlachos et al.，2009；Lai et al.，2010；Hsu，2012；Hur et al.，2014）。然而，虽然企业进行的社会责任活动是"做好事"，但消费者对企业社会责任的感知却并不总是正面的。例如，近年来，消费者已经了解到企业的漂绿陷阱，即企业宣称的绿色产品的相关环保主张实际上可能既不真实也不透明（Nyilasy et al.，2014）。一旦消费者产生怀疑，并且推断企业履行社会责任的真正动机仅仅是为了销售更多的产品，那么企业社会责任活动可能就会产生适得其反的效果（Yoon et al.，2006）。因此，在探讨企业社会责任活动对品牌资产的影响时，也应该考虑企业社会责任的阴暗面，而这在关注宏观层面的企业社会责任研究中较少受到学者关注。

探索消费者如何看待企业社会责任的方法是归因理论。归因是人们对某一事件的形成或现象的发生等加以解释或指出其形成原因的认知过程（Kelley，1973）。归因理论是描述个体如何对外在刺激（如企业行为）作出因果推断的方法。有学者将企业履行社会责任的动机分为两种，一种是以企业盈利为目的的自私自利动机（以自我为中心），另一种是真诚帮助他人的仁善动机（以他人为中心）。根据 Gilbert 等学者的研究，这些动机可整理为两类归因：外在动机归因和内在动机归因。外在动机归因，又称自利动机，其最终目标是增加产品销量、获取利润或提高企业形象等为企业自身谋福利。相反，内在动机归因，又称无私动机，其最终目标是真诚地做好事，履行对社会的责任和义务（Du et al.，2007；Pai et al.，2015）。

消费者对企业为何履行社会责任的不同归因会造成对品牌资产的不同影响。品牌资产被 Aaker（1991）定义为与企业的品牌、品牌名称以及品牌符号相关的一组品牌资产和负债的组合。根据 Aaker（1991）的观点，品牌资产由以下四个维度构成：品牌知名度、品牌忠诚度、感知质量和品牌联想。当企业的社会责任活动被归因为内在动机（如企业出于对社会真正的关心而履行社会责任）时，消费者倾向于产生积极的品牌意识和品牌联想（Lai et al.，2010）。此外，已有研究表明，对企业社会责任活动的积极的、正向的推论和归因可以强化消费者与品牌之间的关系，推动消费者对品牌产生强烈的认同、形成品牌忠诚（Du et al.，2007）。仅关注企业社会责任积极效应的研究也表明，以改善环境和社会为导向的企业社会责任实践对消费者品牌感知和品牌评价具有积极影响（Zeithaml，1988；Holt et al.，2004）。因此，被消费者认定为由内在动机驱动的企业社会责任活动对品牌资产的各个维度有正向影响,可提高企业的品牌资产。相比之下,如果企业社会责任行为被消费者归为通过迎合市场来追求企业自身利益的营销行为,企业获得积极的品牌意识的可能性就会降低,甚至会产生消极的道德资本(Godfrey,2005)。研究发现,企业社会责任的外在归因对品牌联想和品牌评价都具有负面影响(Ellen et al.,2006)。因此,被消费者认定为由外在动机驱动的企业社会责任活动对品牌资产的各个维度都有负面影响,从而降低品牌资产。据此,我们提出如下研究假设:

H1:参与型企业社会责任内在(外在)归因与品牌资产呈正(负)相关。

二、消费者参与意愿的中介作用

参与型企业社会责任已经发展为一种有效的营销策略和工具。学者们认为,参与型企业社会责任(如善因营销)应注重加强品牌形象,加深消费者与品牌之间的联系。在这一过程中,消费者的参与(意愿)是非常重要的,因为消费者的响应是参与型企业社会责任的关键。

消费者参与意愿属于行为意愿的一种,指的是个体有意识地制定实施或不实施某一行为计划的程度(Davis et al.,1992)。Endacott(2004)认为,企业社会责任的履行有不同的层次,其效果参差不齐,只有在企业对社会作出了明确的积极贡献时,消费者的参与意愿才会高。已有研究表明,消费者对企业的推论会影响其参与意愿(Grau et al.,2007;Folse et al.,2010)。因此,本章提出,消费者对企业社会责任活动的动机归因不同,其参与企业社会责任活动的意愿也会有所不同。如果消费者将企业履行社会责任归为内在动机(为他人做真正有益的事情),那么消费者更愿意参与社会责任活动。相反,如果消费者将企业履行社会责任的动机解释为外在的(只是为了自身利益做好事),那么他们的参与热情就会降低。其基本机制如下:

企业履行参与型企业社会责任的理由基于这样一个假设,即消费者的道德判断可能会引发良好的品牌态度和购买意愿(Menon et al.,2003)。道德判断是对自己及他人的行为、决策或价值观的道德性质进行评估和判断的过程。消费者对企业社会责任的道德判断取决于他们认为企业履行社会责任的动机是内在的还是外在的。与此同时,在道德判断的过程中,即个体感知到某人、某事或某行为符合或违反道德原则时,会产生道德情感。符合道德原则的行为(如真诚地帮助他人)会诱发个体的道德愉悦,如感激和振奋等;而违反道德原则的行为(如虚情假意地帮助他人)会导致个体诸如厌恶和鄙视等道德不悦。通常,个体对与道德相关的行为的积极或消极反应都可以用道德愉悦或道德不悦来解释(Moll et al.,2003)。

结合道德判断理论和道德情感理论,我们认为,企业社会责任归因是否符合消费者的道德判断、是否诱发道德愉悦,决定了消费者的参与意愿。具体而言,当消费者将企业社会责任活动归因为内在时,消费者会因参与活动而产生更强的道德愉悦感,因不参与活动而产生更强的道德不悦感。这种心理反应导致更高的参与意愿。当企业社会责任活动归因为外在时,消费者对通过参与活动而获得的道德愉悦感较弱或没有道德愉悦感,会导致较低的参与意愿。

H2a:参与型企业社会责任内在(外在)归因与消费者参与意愿正(负)相关。

虽然以往的研究都认为品牌资产有助于提高消费者的参与意愿,但我们在本研究中提出,参与意愿反过来对品牌资产也有积极影响。在与营销相关文献中,参与意愿通常被视为结果变量,因此多数研究关注其前因变量。然而,从心理学视角来看,借助社会认同理论,我们可以推导出参与意愿能够积极促进消费者与品牌间的联系。

社会认同理论是一种社会心理学理论,它试图借助群体过程来解释个体的认知和行为。根据社会认同理论,人们通过类化、认同和比较的过程将自己和他人进行社会分类,并对自己的群体产生认同。类化指人们将自己归入某一社会群体;认同指人们认为自己拥有该社会群体成员的普遍特征;比较指人们评价自己认同的社会群体相对于其他社会群体的优劣、地位和声誉。社会认同理论将认同分为自我认同(与特定群体相关的自我认知方面)和社会认同两种自我知觉水平。研究发现,自我认同水平与参与特定社会团体或组织的活动显著相关(Taylor et al.,2020)。与此同时,拥有强烈的社会认同感会显著增加群体活动的参与度(Leach et al.,2008)。因此,个体的认同与群体活动的参与可以看作一个相互的过程——既互相强化又密切相关。

研究发现,通过群体活动的参与,个体的认同水平得到提升(Eccles et al.,2003)。同样,如果消费者有意参与企业社会责任活动,那么他们会感受到更多与企业的联系,即提高他们对该企业的认同。消费者倾向于将自己和企业归类在同一个群体中,并将其与其他群体之间进行比较,确保自己的群体具有特殊性——与相关的外群体存在明显区别,并且得到比外群体更有利的评价。

高度认同企业的消费者,可能会将企业和品牌信息视为与个人相关的信息,对其进行深度加工,将其与现有的品牌知识进行联系,从而强化品牌联想(Keller,1993)。此外,本章还提出,以高水平的消费者承诺和情感投入为代表的社会认同有助于提升品牌知名度(Underwood et al.,2001)。这些要素共同构成了品牌资产的核心(Keller,1993)。因此,个体的认同是品牌资产的先决条件,即消费者与参与型企业社会责任活动组织者之间的认同程度越高,企业的品牌资产就越多。

综上所述,有意参与社会责任活动的消费者会对企业产生更高的认同感,而高度的认同感有助于提升品牌资产。因此,运用社会认同理论,我们提出,参与意愿有助于提高品牌资产。

H2b:在参与型企业社会责任中,参与意愿与品牌资产呈正相关。

综上所述,在参与型企业社会责任中,消费者对企业履行社会责任的动机归因会影响其参与意愿,而参与意愿对品牌资产有积极影响。已有研究也认为,企业可以通过对消费者意愿和态度的影响,将企业社会责任作为提升企业形象的工具(Brown et al.,1997;Bhattacharya et al.,2004)。因此,参与意愿在企业社会责任归因与品牌资产之间起中介作用。综合以上两个假设,我们提出如下研究假设:

H2c:企业社会责任归因与品牌资产之间的关系中,参与意愿起中介作用。

三、互依型自我建构的调节作用

自我建构指的是人们如何定义自己并感知自己的个性,通常划分为独立型和互依型两大类别(Singelis,1994;Brewer et al.,1996)。独立型自我建构者更重视个人目标,而不是良好的社会关系(Hong et al.,2007)。他们倾向于用不同于他人的、独特的属性来定义自己(Markus et al.,1991),是对个人特质、能力、动机和价值观以及独立动机的心理表征。相反,互依型自我建构者在与他人的关系中定义自己,是对社会规范、群体成员和他人观点的心理表征,与适应他人需求和维持关系和谐的动机相联系(Markus et al.,1991)。

正如我们之前所解释的,消费者感知的企业社会责任归因类型决定了他们通过道德判断和情感来参与该活动的意愿。与独立型自我建构消费者相比,互依型自我建构消费者较少关注自身的情感满足和道德判断(Markus et al.,1991)。Qi、Qu和Zhou(2014)也发现,互依型自我建构的个体对企业社会责任的光明面和阴暗面,即内在动机和外在动机的反应不那么敏感。因此,当企业社会责任活动被归因为内在动机时,参与企业社会责任活动所带来的积极的道德情感和判断的满足,对于互依型自我建构消费者而言,可能比独立型自我建构消费者少。当企业社会责任活动被归因为外在动机时,互依型自我建构消费者对于不参与企业社会责任活动所带来的负面情绪和道德判断的不满意,相比独立型自我建构消费者而言也可能更少。由于道德情感和道德判断的满足程度较低,互依型自我建构消费者对企业社会责任归因的反应被缓和。此外,具有较高互依型自我建构水平的个体倾向于关注社会规范和社会和谐。无论企业开展社会责任活动的动机是什么,参与活动的结果总是能加强自身与他人和社会的关系,并且能对国家、社会或社区作出贡献。因此,对于互依型自我建构消费者来说,企业履行社会责任的动机相比其可能带来的社会福利而言不再那么重要。即使企业社会责任被归因为外在动机,互依型自我建构消费者仍有可能积极参与该活动。

综上所述,对于互依型自我建构消费者而言,企业社会责任归因对其参与意愿的影响作用减弱。他们较少表达以自我为中心的情绪,不太重视自己的道德判断;相反,他们更关注社会和谐以及他人的利益。并且,互依型自我建构的程度越深,消费者对自身道德情感和道德判断的重视程度就越低,并愈发关注他人和社会的福利。因此,本章提出,互依型自我建构负向调节企业社会责任归因与参与意愿之间的关系。因此,我们提出如下研究假设:

H3：消费者互依型自我建构水平越高，企业社会责任归因与参与意愿之间的关系越弱。

四、概念模型构建

概念模型如图 5.1 所示。

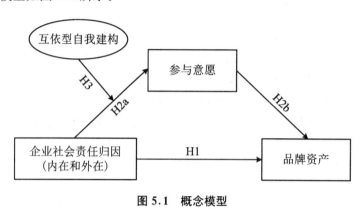

图 5.1 概念模型

第三节 实证研究设计

一、测量问卷与测量题项

问卷共分为四个部分：第一部分对本章的研究目的进行了说明，并指导调查对象如何正确填写问卷。第二部分是参与型企业社会责任情境的导入，主要内容是某企业正在积极开展社会责任活动，并且邀请大家共同参与。第三部分是研究变量的测量题项，包括企业社会责任归因、参与意愿、互依型自我建构和品牌资产等变量。其中，企业社会责任归因采用的是 7 个评定等级的语义差异量表测度，其他变量均采用 7 级李克特量表进行测量（如 1＝完全不同意，7＝完全同意）。第四部分是对调查对象个人信息的收集。

研究变量的测量均以已有文献为基础，对题项稍加修改使其适合本章的研究情境。并且，鉴于参考的测量题项均为英文，我们首先将其翻译成中文，并进行适当修改以尽量减少测量题项中的语义偏差。首先，企业社会责任归因是指消费者对企业履行社会责任动机的推断，采用了 Szykman、Bloom 和 Blazing（2004）和 Folse、Niedrich 和 Grau（2010）的测量题项。其次，互依型自我建构采用 Singelis（1994）的自我建构量表进行改编。同样，本章借鉴了 Grau 和 Folse（2007），Folse、

Niedrich 和 Grau(2010)研究中使用的消费者参与意愿测量题项,包括"我认为参加社会责任活动是一个好主意"等。在与营销相关的文献中,品牌资产是指消费者在潜在的、可选择的品牌中对某一特定品牌的偏好和喜爱。本章研究中,我们将品牌资产作为一个整体的单维来测度,并使用了 Yoo、Donthu 和 Lee(2000)开发的4个题项进行测量,如"即使产品都是一样的,选择这家公司而不是其他公司或品牌是有道理的"。

二、抽样方法与数据收集

本章的抽样方法是便利抽样。便利抽样是一种非概率抽样策略,根据受试的可及性来选择受试。正如 Bornstein 等学者所指出的,在社会科学领域研究中,90%以上都采用便利抽样。便利抽样方法成本低、效率高、实施简单。在大多数情况下,便利抽样获取的样本比概率样本更均匀,能够降低测量的可变性。这种测量可变性的降低增加了识别出理论出错的概率。而且,作为最常用的非概率抽样,便利抽样非常适合于研究形成个体的态度或行为反应的基本心理过程。此外,为了获取更高的响应率和高质量数据,本章同样选择图书馆作为数据收集场所。图书馆中的潜在受访者具备多样的人口结构。并且,舒适的、不受打扰的图书馆环境有助于受访者填写问卷时保持注意力集中和提高问卷回复率。本章研究共收集问卷400余份,在分析样本的人口信息后发现,受访者大多为受教育程度较高(本科及以上学历占比80%以上)的年轻人(年龄35岁以下占比80%以上)群体。

第四节 实证研究结果分析

一、共同方法偏差检验

根据经典测量理论,测量误差一般可分为随机误差与系统误差,其中系统误差大多由方法或工具导致。共同方法偏差(common method bias,CMB)是指因为使用相同的方法在相同的数据来源、测量环境以及项目语境中进行测量而产生的预测变量与效标变量之间人为的共变。鉴于本章研究的数据收集采用自我报告式的问卷调查,为了尽量减少产生共同方法偏差,采用了一定的控制手段。比如,确保问卷题项简单明了、自愿参与、匿名填写等,尽量减少产生共同方法偏差。但因为采用了单一的问卷来测度所有构念,这些构念间的关系可能因共同方法偏差的存在而被夸大。因此,在分析测量模型和假设检验之前,有必要通过哈曼单因素检验法(Harman single-factor test)来确认本章研究中是否存在共同方法偏差。检验结果显示,在特征根大于1及未作任何旋转的条件下,抽取的第一主成分占总方差的比例为40.12%,方差贡献率低于50%,表明共同方法偏差程度在可接受范围之内,排除了共同方法偏差对研究结果造成较大干扰的可能。

二、探索性因子分析

对测量题项进行探索性因子分析以确认各个构念对应题项的单维性。样本的KMO值为0.886(大于0.6),Bartlett球形检验结果为 $\chi^2 = 3426.365$ ($p < 0.001$),说明原始数据适合进行因子分析。在进行探索性因子分析时,采用了正交旋转法来获取具有理论意义的因子。在删除交叉载荷或因子载荷值过低的题项后,结果显示,每个题项都只在一个因子上有较高的载荷,并且一共包含了四个特征值大于1的因子,按照题项性质分别将因子命名为企业社会责任归因、参与意愿、品牌资产和互依型自我建构。各题项的因子载荷值见表5.1。

表5.1 探索性因子分析结果

变量(因子)	题 项	公因子方差	因子载荷	特 征 值	累计解释率
企业社会责任归因	AT4	0.748	0.835	3.284	20.527%
	AT3	0.686	0.795		
	AT5	0.669	0.786		
	AT6	0.69	0.74		
	AT2	0.489	0.634		
参与意愿	PI3	0.746	0.829	2.931	38.847%
	PI5	0.773	0.81		
	PI2	0.683	0.803		
	PI4	0.74	0.8		
品牌资产	BE3	0.813	0.833	2.894	56.934%
	BE4	0.764	0.831		
	BE2	0.7	0.784		
	BE1	0.66	0.721		
互依型自我建构	SC2	0.765	0.85	2.072	69.882%
	SC1	0.739	0.822		
	SC6	0.515	0.684		
KMO值和Bartlett球形检验			KMO=0.886, $\chi^2 = 3426.365$, $df = 120$, $p<0.001$		

三、模型拟合与信效度分析

通过分析模型拟合情况,能够检验整体模型的适配度。我们采用普遍使用的 χ^2/df、GFI、RMSEA、CFI、NFI、TLI 等指标进行模型的拟合度分析。通常,若 χ^2/df 的值为 1~3,RMSEA 的值小于 0.07,GFI、CFI、NFI、TLI 的值大于 0.9,则可以认为假设模型拟合效果良好。通过 AMOS 22.0 软件分析,模型整体拟合指标为 $\chi^2/df=2.156$、GFI=0.94、CFI=0.966、NFI=0.939、TLI=0.959、RMSEA=0.053,说明模型的整体拟合效果良好。

对模型采用验证性因子分析,考察测量变量的信度和效度。首先,采用 Cronbach's α 和组合信度来衡量信度。分析结果,Cronbach's α 值为 0.75~0.86,组合信度值为 0.74~0.83,表明该构念具有较好的信度。

其次,通过测量题项的因子载荷、AVE 和组合信度来探讨量表的聚合效度。表 5.2 的分析结果证实,因子载荷均超过 0.7,AVE 值均超过 0.5,组合信度均超过 0.7,表明测量的聚合效度较好。

表 5.2 信度与聚合效度检验结果

变量	题项	因子载荷	Cronbach's α	CR	AVE
企业社会责任归因	AT4	0.81	0.858	0.832	0.566
	AT3	0.77			
	AT5	0.749			
	AT6	0.795			
	AT2	0.622			
参与意愿	PI3	0.799	0.877	0.799	0.643
	PI5	0.866			
	PI2	0.72			
	PI4	0.814			
品牌资产	BE3	0.897	0.876	0.799	0.645
	BE4	0.823			
	BE2	0.743			
	BE1	0.739			
互依型自我建构	ISC2	0.805	0.75	0.744	0.531
	ISC1	0.813			
	ISC6	0.534			

注:CR(composite reliability)表示组合信度。

最后,为了进行区分效度分析,我们首先对各潜在变量进行了相关分析。研究结果见表5.3,所有变量之间均有相关关系,为后续的假设检验奠定了基础。此外,所有变量间相关系数不超过0.65,说明没有多重共线性问题。

表5.3 潜在变量之间的相关关系及区分效度检验结果

潜在变量	1	2	3	4
AT	**0.752**			
PI	0.514***	**0.802**		
BE	0.555***	0.514***	**0.803**	
ISC	0.410***	0.359***	0.456***	**0.729**

注:*** 表示 $p<0.001$。

区分效度通过比较各潜在变量之间的相关系数值与AVE平方根值的大小来确定。AVE平方根值通过计算得出,列于表5.3中各变量相关系数的上方,并标为粗体。可以发现,AVE平方根值均高于相应变量之间的相关系数值。因此,各潜在变量之间具有较好的区分效度。

四、理论模型与备选模型间对比

此外,本章将四因子理论模型与其他备选模型进行了比较,以检验本章理论模型的适用性。具体而言,将理论模型的拟合指数与三因子、二因子和一因子模型的拟合指数进行比较。表5.4中详细整理了各模型的拟合指数结果,对比后发现,四因子理论模型的拟合效果更佳。由此可知,本章的理论模型适合用来评估及验证研究假设。

表5.4 概念模型与备选模型间对比结果

序号	模 型	χ^2/df	CFI	NFI	TLI	GFI	SRMR	RMSEA
1	四因子:AT、PI、BE、ISC	2.156	0.966	0.939	0.959	0.94	0.043	0.053
2	三因子:AT、PI、BE/ISC	4.599	0.892	0.866	0.871	0.875	0.071	0.094
3	三因子:AT、PI/BE、ISC	7.719	0.798	0.776	0.76	0.748	0.082	0.128
4	三因子:AT/PI、BE、ISC	7.64	0.8	0.778	0.763	0.74	0.085	0.127
5	二因子:AT/BE、PI/ISC	9.762	0.731	0.711	0.687	0.709	0.108	0.146
6	二因子:AT/PI、BE/ISC	9.949	0.726	0.705	0.68	0.699	0.102	0.148
7	二因子:AT/ISC、PI/BE	10.251	0.716	0.696	0.669	0.699	0.103	0.15
8	一因子:所有变量结合	13.53	0.612	0.596	0.552	0.639	0.114	0.175

五、参与意愿的中介作用分析

本章使用 SPSS 18.0 软件,采用三步法检验参与意愿在企业社会责任归因与品牌资产关系中的中介效应。第一步,以企业社会责任归因为自变量、品牌资产为因变量进行回归分析,评估企业社会责任归因对品牌资产的直接影响。表 5.5 中模型 1 的结果表明,企业社会责任归因对品牌资产有显著影响,假设 H1 得到支持。第二步,以企业社会责任归因为自变量、参与意愿为因变量进行回归分析。研究结果显示,企业社会责任归因正向影响参与意愿(模型 2),假设 H2a 得到支持。第三步,对所有变量进行回归分析。如表 5.5 中模型 3 所示,我们发现,加入参与意愿变量后,调整后的 R^2(决定系数)从模型 1 的 0.252 增加到模型 3 的 0.321。并且,企业社会责任归因对品牌资产有正向影响,假设 H1 再次得以验证。同时,参与意愿对品牌资产具有正向影响,假设 H2b 得到支持。综上所述,参与意愿在企业社会责任归因与品牌资产之间起中介作用,假设 H2c 得到支持。

表 5.5 参与意愿的中介作用检验

变量	模型 1:因变量为品牌资产	模型 2:因变量为参与意愿	模型 3:因变量为品牌资产
Constant	2.097(10.019***)	1.672(5.926***)	1.715(8.255***)
企业社会责任归因	0.514(11.802***)	0.593(10.100***)	0.379(8.163***)
参与意愿	—	—	0.228(6.536***)
F	139.277***	102.007***	98.103***

注:*** 表示 $p<0.01$;Constant 表示常量;F 表示方差比值统计量。

六、互依型自我建构的调节作用检验

假设 H3 采用 SPSS 18.0 软件中的 PROSS 插件来探讨互依型自我建构在通过参与意愿中介的企业社会责任归因与品牌资产之间关系中的调节作用。表 5.6 的研究结果表明,互依型自我建构与企业社会责任归因在影响消费者参与意愿的过程中存在显著的交互作用($\beta=-0.101$,$p<0.05$),假设 H3 得到支持。互依型自我建构的调节效果如图 5.2 所示。图 5.2 表明,当消费者的互依型自我建构水平较低时,企业社会责任归因对品牌资产的影响更显著。此外,与预期一致,企业社会责任归因($\beta=0.521$,$p<0.01$)和互依型自我建构($\beta=0.197$,$p<0.01$)直接影响品牌资产。

表 5.6 互依型自我建构的调节作用检验

预测变量	Beta 系数	t 值	p 值	F 值	R^2	
AT	0.521	8.491	0	42.746	0.240	
ISC	0.197	3.414	0			
AT * ISC	-0.101	-2.551	0.011			
ISC±1SD	调节效应	SE	t 值	p 值	LLCI	ULCL
低	0.639	0.079	8.07	0	0.483	0.794
高	0.404	0.074	5.435	0	0.258	0.55

注：1SD（standard deviation）表示一个标准差；SE（standard error）表示标准误；LLCI（lower limit of confidence interval）表示置信区间的下限；ULCI（upper limit of confidence interval）表示置信区间的上限。

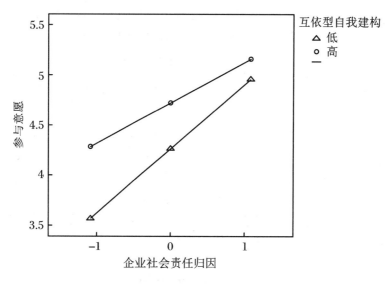

图 5.2 互依型自我建构的调节效果图

第五节 研究结果、意义、启示、局限及未来研究方向

一、研究结果汇总

本章研究通过对参与型企业社会责任影响机制与边界条件实证分析数据的再利用，探讨了在参与型企业社会责任情境下，消费者对企业履行社会责任的动机归因如何影响企业品牌资产。在此过程中，本章研究重点考察了消费者参与意愿的

中介作用和互依型自我建构的调节效应。分析结果表明参与型企业社会责任归因对品牌资产的影响,具体结果汇总如下:

第一,消费者对参与型企业社会责任存在两种不同的归因:内在归因和外在归因。当企业积极鼓励消费者共同参与社会责任活动时,消费者会因为企业不同的行为表现而对其背后的动机产生不同的推测。

第二,参与型企业社会责任归因直接影响品牌资产,即内在归因与企业的品牌资产呈正相关,外在归因与企业的品牌资产呈负相关。内在归因使消费者将参与型企业社会责任视为企业对社会的真正关心,有利于强化消费者与品牌间的积极关系、产生积极的品牌意识与联想等,提升企业的品牌资产。外在归因使消费者将参与型企业社会责任视为迎合市场的营销手段,可能引发消极的道德资本,进而对品牌资产形成负面影响。

第三,参与型企业社会责任归因直接影响消费者参与意愿,即内在归因与参与意愿呈正相关,外在归因与参与意愿呈负相关。内在归因符合消费者的道德判断,消费者会将企业社会责任行为视为高水准道德素质的体现,因而与企业的共同参与将引发强烈的道德愉悦感,参与意愿随之增强。外在归因不符合消费者的道德判断,消费者的参与行为难以产生道德愉悦感,因而难以形成积极的参与意愿。

第四,在参与型企业社会责任中,消费者参与意愿直接影响品牌资产。有意参与企业社会责任活动的消费者将感受到更多的与企业之间的联系,增加企业认同感,进而强化其品牌意识与品牌联想,提升品牌资产。

第五,参与型企业社会责任归因通过消费者参与意愿间接影响品牌资产。参与意愿变量的加入使研究模型中调整后的 R^2 增加了 $0.069(=0.321-0.252)$。这不仅再次说明了参与型企业社会责任中消费者动机归因的重要性,更是通过参与意愿这一外在行为(意向)表现揭示了消费者面对参与型企业社会责任时的内在心理过程,并发现消费者参与意愿中介了企业社会责任归因与品牌资产之间的关系。

第六,互依型自我建构调节了参与型企业社会责任归因与消费者参与意愿的关系。互依型自我建构水平越高,消费者对企业履行社会责任的动机归因与其参与意愿之间的关系越弱。而当消费者的互依型自我建构水平较低时,参与型企业社会责任归因对品牌资产的影响更显著。

二、研究的理论意义

本章研究旨在为参与型企业社会责任与品牌资产之间的关系提供更深入的认识,主要的理论意义如下:

第一,首次系统地将企业社会责任归因作为品牌资产的预测因子,填补了企业社会责任归因与品牌资产之间联系的空白。以往的企业社会责任研究虽然也探索了企业社会责任如何导致消费者-企业认同和品牌形象等营销成果,但是研究的实证结果并不一致(Yoon et al.,2006;Lai et al.,2010;Hsu,2012;Hur et al.,2014;Nyilasy et al.,2014)。我们认为,造成这种不一致的主要原因可能是既有研究忽略了个体层面的作用机制,因而未能识别出真正的决定性因素。事实上,消费者如何感知和归因企业社会责任是企业品牌资产的关键前因。当消费者对企业社会责任的动机感知越纯粹(即归因为内在动机),越能够提升企业的品牌资产。而当消费者对其动机感知越自利(即归因为外在动机),越容易引发负面品牌效应。这既解释了以往研究结论不一致的原因,也为企业社会责任与品牌资产之间的关系提供了新的视角。

第二,通过检验参与型企业社会责任中参与意愿的中介作用,揭示了企业社会责任归因与品牌资产之间关系的内在机制。首先,我们基于道德情感理论和自我同一性理论,梳理了参与型企业社会责任归因影响消费者参与意愿的理论逻辑,并且实证结果也验证了该逻辑:企业社会责任内在(外在)归因与参与意愿呈正(负)相关。这一发现进一步支持了Folse、Niedrich和Grau(2010)的研究结论,认为消费者推论(企业社会责任归因属于其中一种)对参与意愿有显著影响。其次,我们运用社会认同理论解释了参与意愿对品牌资产构建的影响,这在需要消费者积极参与的参与型企业社会责任活动中尤其富有意义。当消费者有意愿参与企业社会责任活动时,其对企业的自我认同感会增强,感知到的品牌与自我的相关性也随之增加,因而增强了品牌联想,最终提升品牌资产。此外,Majeed等学者认为,企业品牌资产积极影响消费者参与意愿。结合本章的研究发现,我们大胆猜想,品牌资产与参与意愿之间可能存在相互促进和增强的作用,希望在后续的研究中可以对此加以深入分析。总体而言,本章研究阐明了在参与型企业社会责任情境下,企业社会责任归因通过参与意愿的中介作用影响品牌资产的过程,使得消费者的心理过程更加清晰,揭示了企业社会责任归因到品牌资产的作用路径。

第三,证实了互依型自我建构在企业社会责任归因与参与意愿之间的调节作用。在以往的企业社会责任文献中,如Hur、Kim和Woo(2014),Lai、Chiu和Yang等(2010),Pai、Lai和Chiu等(2015),Perry(2012)等,忽略了消费者个性特质的作用与影响。然而,本章研究发现,消费者所具备的个性特质——互依型自我建构水平在其感知的动机归因影响参与意愿的过程中起调节作用。消费者具备的互依型自我建构水平越高,其对企业社会责任的动机归因与参与意愿之间的关系越弱。由于与独立型自我建构消费者相比,互依型自我建构消费者对道德判断的重视程度较低,对道德情绪的考虑也较少。因此,互依型自我建构消费者对其感知到的企业社会责任归因的反应较弱。本研究证实了自我建构理论在微观企业社会责任领域的适用性和重要性,有助于消费者行为学研究与企业社会责任研究的结合。同时,这也反映了个体层面的因素,如个性或经验,在分析企业社会责任有效性时是不可忽视的。这些因素有待未来研究的深入探索,进而有助于更全面地了解消费者对企业社会责任活动的认知和行为反应。

第四,对在营销学框架下探讨企业社会责任提供了有益的理论启发。企业社会责任已经成为一种公众意识和企业满足消费者期望的必要条件,将企业社会责任与营销相关的文献相结合,帮助企业认识承担社会责任的本质,掌握社会责任营销的实施方法和技巧成为一项重要的工作。本章研究为市场营销学者加强企业社会责任研究奠定了基础。此外,本章研究对与企业社会责任相关的其他研究领域的理论发展提供了一定的借鉴,比如目前备受学者们和企业管理者关注的漂绿问题等。

三、实践管理启示

第一,鼓励消费者积极参与企业社会责任活动对企业而言可能是一把双刃剑。参与型企业社会责任能否获得消费者支持和品牌资产提升等积极的营销成果,很大程度上依赖于消费者对其动机的归因。因此,企业应尽量避免消费者对其履行的企业社会责任动机的怀疑。尤其是,外在归因可能会诱发消极偏差现象,进一步扩大消极认知的负面影响。消极偏差指的是人们在评价、处理和记忆消极信息时比积极信息更加敏感和关注的心理现象。相较于积极事件,消费者通常更容易受到负面事件的影响(Rozin et al.,2001)。因此,企业应密切关注消费者对参与型企业社会责任的反应,避免消费者将其动机感知为自私自利的外在归因的可能性。

第二,内在动机归因是企业获得消费者支持的关键。比起做善事这一行为本身,企业更需要关注行为背后动机的道德性与正当性。以正确的理由做正确的事才能获得成功。对于市场营销学者和从业者来说,强调企业社会责任动机的纯粹性以及能够产生的社会效益的广泛性非常必要且重要。因此,企业在开展社会责任活动时,应明确且清晰地向消费者传达动机的纯粹性。企业可以采取的措施有:定期为消费者提供企业社会责任活动的相关信息,确保企业社会责任活动信息的及时更新与跟进等。此外,企业还可以适当支持一些其他公益活动,如抗震救灾、雇佣残疾员工等。因为这些额外的支持行为会被消费者解读为企业出于真诚地造福社会等内在动机而履行企业社会责任的辅助信号。

第三,消费者参与企业社会责任的方式也应该得到企业管理者、营销人员和相关从业者的关注。一个精心设计的、富有意义和适当的参与方式易于被消费者认为是纯粹的、可能引发消费者积极价值认知和积极情感的(Ellen et al.,2000;Hildebrand et al.,2017),从而积极增加消费者参与企业社会责任活动的意愿。鉴于消费者自我建构水平对企业社会责任有效性的影响,能够实现消费者与他人之间的无障碍互动是值得企业考虑的重要问题之一。消费者与他人的积极互动通常会带来积极的人际关系。换言之,参与型企业社会责任不再是不联网的"单机游戏",而应该是联网的"多人竞技游戏",互动功能的实现将有效提升消费者的参与意愿。

四、研究局限及未来研究方向

首先,本章研究关注的是参与型企业社会责任归因对品牌资产的影响。参与型企业社会责任需要消费者的参与,但其他形式的企业社会责任活动,如慈善捐款、社区支持或节能减排等,只是企业单方面地履责而无需消费者直接参与。因此,在其他企业社会责任活动中,参与意愿可能不是构建品牌资产的必要路径。未来的研究应进一步探索其他企业社会责任归因到品牌资产的路径,以更全面地揭示企业社会责任有效性的机制。

其次,在与市场营销有关的文献中,对于消费者个性特质因素的考察较为多见,但在企业社会责任研究领域,个性特质因素尚未受到学者们的关注。然而,随着参与型企业社会责任的兴起,个性特质因素将变得愈发重要。因其在很大程度上影响着消费者对企业社会责任的认知及后续的参与、支持或抵制行为。因此,除了本章中讨论的消费者自我建构,未来的研究可以对其他个性特质因素进行探讨。比如,通过确认自我效能感(高和低)和调节焦点(促进焦点和预防焦点)在企业社会责任归因与品牌资产关系中的作用来探索合适的企业社会责任策略。

最后,在本章中,品牌资产采用 Yoo、Donthu 和 Lee(2000)开发的成熟量表进行测量,该量表将品牌资产作为一个整体进行单维测量。然而,品牌资产具有不同的维度,如根据 Aaker 的观点,品牌资产包括品牌知名度、品牌忠诚度、感知质量和品牌联想四个子维度,并且相应的多维测量量表也已经被开发出来。因此,未来的研究需要对品牌资产进行多维测量,以具体探索和验证企业社会责任中品牌资产的不同维度的构建过程。这有助于更深入地理解企业社会责任与品牌资产之间的关系。

第六章 研究结论与展望

本章主要对研究结论进行总结并指出该结论对企业履行参与型企业社会责任的启示，以及提升参与型企业社会责任有效性的可行建议。我们在分析可能存在的研究局限的基础上，提出未来的研究可以尝试的改进方法与方向，为进一步推动相关研究提供一定的参考与借鉴。

第一节 研究结论

本书从当下被企业广泛履行的参与型企业社会责任现象出发，尝试分析参与型企业社会责任的有效性、作用机制及边界条件，旨在为企业管理者、营销人员以及相关从业者提供更为有效的参与型企业社会责任实施策略。为此，本书首先对企业社会责任的理论基础和研究现状进行了整理，并基于经济学视角对企业自愿承担企业社会责任的内在动因进行分析，之后梳理了企业社会责任实践的发展演变过程，引出本书的研究重点——参与型企业社会责任，并结合蚂蚁森林项目和"一分钱公益"活动对参与型企业社会责任作进一步介绍。

在研究开始前，基于时间的内在模糊性理论和既有研究发现，我们将参与型企业社会责任活动分为金钱型和时间型，并设计了实验用的情景材料。同时，根据前期访谈结果，我们将消费者感知价值分为刺激价值、安全价值、享乐主义价值、成就价值、普世主义价值五类，并借用既有研究中的成熟量表对其进行了测量。其他变量如企业社会责任感知、参与意愿、品牌资产等均借鉴已有的成熟量表进行了测量。对于回收的样本，我们采用 SPSS 18.0 和 AMOS 22.0 两款软件进行了数理统计分析，研究结果通过 Excel、Word、Power Point 等基本 Office 软件进行了辅助整理。

在进行数据分析时，我们首先通过路径分析探索了两种企业社会责任活动的类型（金钱型和时间型）对消费者感知价值、企业社会责任感知、参与意愿和品牌资产的直接影响。之后通过 Bootstrapping 和 MacKinnon 等方法检验了感知价值在参与型企业社会责任活动类型与企业社会责任感知、参与意愿关系中的中介效应。同时，考察了消费者感知价值对企业品牌资产的影响。通过多群组分析确定了消费者的个性特质因素——自我建构水平在参与型企业社会责任类型影响感知价值过程中的调节作用。

研究发现，比起金钱型企业社会责任活动，消费者对时间型企业社会责任活动的评价更加积极。消费者从时间型企业社会责任活动中获得了更高的感知价值、更积极的企业社会责任感知和参与意愿，并最终有利于企业提升品牌资产。稍有不同的是，更高的感知价值来自参与型企业社会责任活动类型的直接影响，而更高的企业社会责任感知、参与意愿和品牌资产则通过感知价值的关键中介作用获得。自我建构的调节效应检验结果显示，独立型自我建构水平越高的消费者对参与型企业社会责任活动类型的反应更敏感。

此外，本书首先探讨了在参与型企业社会责任情境下，消费者对企业履行社会责任的动机归因通过参与意愿对品牌资产的影响。研究发现，消费者如何感知和归因企业社会责任是品牌资产构建的直接决定因素。当企业社会责任归因被认为是内在的，企业的品牌资产会得到提升。如果企业社会责任归因被认为是外在的，其出发点是为了追求企业自身利益时，则会给品牌资产带来负面影响。然后，我们通过参与型企业社会责任中消费者的参与意愿揭示了消费者心理过程的内在机制，并发现消费者参与意愿在企业社会责任归因与品牌资产之间起中介作用。最后，我们验证了企业社会责任归因对消费者参与意愿的影响受其互依型自我建构水平的调节。互依型自我建构水平越高，消费者对企业履行社会责任的动机归因与其参与意愿之间的关系越弱。

综上所述，本书旨在探讨参与型企业社会责任的有效性、内在机制及可能存在的边界条件。与此同时，本书提供了一个描述企业社会责任归因如何通过参与意愿的中介作用和自我建构的调节作用来塑造品牌资产的研究框架，促进了微观企业社会责任研究的发展与深入。有意推动参与型企业社会责任有效实施的企业管理者和相关从业者，可以借鉴本书的研究发现和建议。

第二节 理论贡献

本书对现有的与企业社会责任和营销相关的文献有多方面的理论贡献与借鉴意义，主要体现在以下几个方面：

第一，通过研究以消费者为主体的参与型企业社会责任的现象、作用机制和边界条件，将企业社会责任研究扩展到个体层面。现有的企业社会责任研究大多聚焦于组织层面和宏观层面，较少涉及个体层面研究。Aguinis 和 Glavas（2012）对企业社会责任研究领域的文献进行梳理后发现，当前仅有约 4% 的文献关注了个体层面。本书在响应这两位学者呼吁的同时，有效推进了微观企业社会责任研究的发展。

第二,根据时间的内在模糊性理论,解释金钱型和时间型企业社会责任之间的根本差异,指出时间的难以评估和量化能够带来更多的收益和更少的成本感知。在此基础上,利用双过程理论,分析消费者面对金钱型与时间型企业社会责任时可能会激活不同的信息加工模式。比如,金钱的可量化和易于比较等特性更易激发个体的分析式信息加工模式,消费者会理性地审视和权衡参与或不参与企业社会责任活动带来的益处和预期的付出成本。在理论上丰富参与型企业社会责任类型研究的同时,为理解参与型企业社会责任类型与消费者响应之间的关系提供了新思路。

第三,基于价值理论,考察金钱型与时间型企业社会责任在消费者认知与行为等方面的差异,发现消费者感知价值是影响参与型企业社会责任有效性的关键中介。结合双过程理论可知,当消费者面对时间型企业社会责任活动时,更容易激活情感式信息加工模式,因此参与企业社会责任活动将带来更多的消费者感知价值,进一步增加消费者参与意愿、助力品牌资产的构建。研究所揭示的基于感知价值的消费者决策过程为参与型企业社会责任研究提供了重要的结论。

第四,基于归因理论,从个体层面深入探索企业社会责任的影响及作用机制,在一定程度上解释了与企业社会责任相关的文献中相互矛盾的研究发现,使相反的研究结论得到统一。同时,将品牌资产作为结果变量引入参与型企业社会责任模型,发现消费者对企业社会责任的感知与归因会直接影响企业品牌资产。这有助于我们理解企业社会责任与品牌资产之间的关系,弥补现有文献的不足,也为未来进一步探索企业社会责任的战略性作用奠定了基础。

第五,在参与型企业社会责任情境下,通过研究消费者的参与行为,将消费者的心理过程及内在机制可视化。消费者的参与行为是参与型企业社会责任的基本要素,通过参与意愿的测量能够反映消费者的心理过程,这在其他不需要消费者采取行动的企业社会责任中难以被测度(Westberg et al.,2014)。结果表明,消费者参与意愿是企业社会责任归因与品牌资产关系的关键中介变量,揭示了参与型企业社会责任的内在作用机制。

第六,基于自我建构理论,探索消费者个体差异对企业社会责任的影响。研究发现,互依型自我建构是参与型企业社会责任研究中不可忽视的调节因素,证实了在企业社会责任中探讨消费者个性特质因素的必要性和重要性,有效拓展了现有的企业社会责任文献。

第三节 研究启示

本书研究对企业制定参与型企业社会责任战略、开展参与型企业社会责任活动、改变消费者行为具有重要的实践指导意义。

第一,参与型企业社会责任可以作为企业进行差异化定位,进而赢得竞争优势的有效战略。随着社会经济的发展,消费者、员工、慈善公益团体、公众等对企业的期望愈发增加,除了要求企业生产质量优良的产品或提供高质量的服务之外,他们对环境保护、社会公益、商业伦理等的要求也不断提高。企业承担社会责任不再只是成本、约束或义务,而是机会和竞争优势的来源。考虑到消费者的重要作用,企业管理者在设计企业社会责任活动时,应更多地鼓励消费者积极参与。企业要从战略的高度去履行参与型企业社会责任,合理规划并将自身的资源和能力投入到社会公益活动中,使企业社会责任赢得包括消费者在内的多方利益相关者的支持,最终实现企业的可持续发展。

第二,消费者对不同的参与方式有不同的反应,因此企业需要格外关注合适的参与型企业社会责任活动类型。金钱型企业社会责任活动虽在短期内能够获得消费者的支持,但获得的消费者感知价值相对较低,还面临着消费者对其产生怀疑的风险,不利于企业品牌资产的构建。例如,前文中提及的农夫山泉"一分钱公益"活动,虽然一开始赢得了消费者的大力支持与参与,但后来却受到了消费者以及公益机构对其履责动机的质疑和指责。时间型企业社会责任活动不要求消费者的金钱付出,转而鼓励消费者通过付出时间的方式参与企业社会责任活动,为消费者带来更多开心、快乐等积极情绪,提升了消费者的自我成就感和责任心,使消费者产生更积极的企业社会责任感知和参与意愿。因此,企业管理者与相关从业人员在履行参与型企业社会责任时,应避免单纯依赖消费者付出金钱的营销策略,以防消费者对其履责动机产生怀疑。为此,企业可以通过加强企业社会责任信息沟通等方式增加消费者的信任度。并且,相较于报喜不报忧,开诚布公地说明企业社会责任的履责现状、遇到的问题及应对措施等,往往更容易获得公众的理解、信任与支持。合适的参与型企业社会责任活动将有助于企业在实现造福社会的同时获得应有的回报。

第三,参与型企业社会责任活动能够促进公众(不仅仅是消费者)的行为和偏好的改变,有利于国家与社会的可持续发展。公众通过在日常生活中参与企业社会责任活动,可培养其社会责任感。特别是,当参与型企业社会责任活动能够满足公众的内在需要与外在诉求时,即能为其提供更多需求和价值时,更能促进公众的积极参与。这种双向促进机制最终使企业社会责任活动成为提升企业形象与声誉、构建品牌资产的战略性工具。对此,企业可以采取的措施是,尽可能将企业社会责任活动设计得有趣、好玩,以满足公众的享乐主义价值和快乐生活的需求,并通过社交媒体优化其互动功能,积极引导公众参与(如点赞、转发、评论等),实现消费者、公众与企业的社会责任共创行为。

第四节 研究局限与展望

本书从企业积极鼓励消费者参与其社会责任活动的现象出发,分别结合价值理论、归因理论、自我建构理论、时间的内在模糊性理论、双过程理论、社会认同理论等,探讨参与型企业社会责任的作用机制和可能存在的边界条件。本书研究在理论上促进了企业社会责任和营销研究的整合,在实践上为企业管理者制定和实施企业社会责任战略提供了具体的方向和指导。尽管如此,本书仍然存在一定的局限性,有待未来研究的进一步完善。具体如下:

第一,本书研究参与型企业社会责任时主要关注的是消费者这一利益相关者的参与,而企业的利益相关者还包括股东、员工、政府及供应商等,他们也可能会积极参与企业社会责任活动。因此,本研究对参与型企业社会责任活动的分类是否适用于其他利益相关者,金钱型和时间型企业社会责任活动对其他利益相关者的影响是否存在差异,以及他们如何感知企业的动机等需要进一步探索。

第二,本书引入了双过程理论来解释消费者面对金钱型与时间型企业社会责任活动时不同的认知机制。类似地,本书引入了道德判断、社会认同理论、自我一致性理论等解释了不同自我建构水平的消费者在参与型企业社会责任活动中的不同表现。希望未来的研究可以通过相适变量的选取进行实证分析,为本书的理论推理提供进一步的实证证据。

第三,消费者参与企业社会责任活动既是收益的获取也是成本的付出。本书通过消费者在企业社会责任活动中感知价值的多寡来衡量消费者对收益和成本的感知。相对而言,感知价值更多地偏向收益获取层面而非成本感知层面。未来的研究应进一步考察消费者在参与型企业社会责任活动中的成本感知以及相应的影响因素。

第四,本书通过消费者感知价值和动机归因研究了企业社会责任与品牌资产之间的关系。品牌资产包含品牌知名度、品牌忠诚度、感知质量和品牌联想等多个维度。若能对品牌资产的各个维度进入深入研究,将能在增进企业社会责任与品牌资产间关系的同时,进一步加深对参与型企业社会责任战略性作用的理解。

第五,本书在实验设计与变量测量等方面也存在一定的局限。比如,自我建构变量的测量包含多种方法:既可以通过自我陈述式的题项回答实现对消费者内化的较为稳定的自我建构水平进行衡量,也可以通过实验方法临时调节消费者的自我建构水平。本书选择了前一种方法,在未来的研究中可以结合实验测量方法进一步研究自我建构在参与型企业社会责任中的影响。

附　　录

附录一　调查问卷(类型一)

调查问卷

尊敬的先生/女士：

　　您好！非常感谢您在百忙中填写这份问卷！

　　本问卷是关于消费者对企业社会责任的认知与行为意愿的学术研究。

　　对于问题您只要选择您认为合适的选项就可以，您的回答没有好坏、对错之分。但如果您漏答乱答，本问卷将会失去意义，烦请稍加注意。

　　问卷以匿名的方式填写，我们会对问卷数据进行严格的保密，且只作综合性的统计处理，不作个案研究。问卷结果将完全用于学术研究，不用于商业用途。我们在任何时候都不会泄露您的回答与个人信息，请放心填写！如您需要本调查的分析结果或有其他要求，请与我们联系，十分乐意为您效劳。

　　再次感谢您的支持与合作！

联系人：方亚平

联系方式：fypyjsk@126.com

第一部分　对公益活动及履责企业的认知

◆ 安味集团是各类休闲食品及饮料制造企业，旗下有安味休闲咔、安味矿泉水、安味快乐饮等子公司。

◆ 最近，子公司安味矿泉水正在积极开展"您消费，我种树"公益活动。

◆ 请认真看一看安味矿泉水公益倡议海报(附图1)。

附　录

您消费，我种树

为了保护生态环境、促进公益事业的发展，安味矿泉水将倾情推出"您消费，我种树"公益活动，诚邀您的参与。

➢ 活动产品：安味旗下矿泉水。
➢ 参与流程：筹善款，种真树——您购买1瓶水，我捐款1分钱。
➢ 参与攻略：线上线下同时发售（您可以网购也可以实地购买）。
　　　　　　线上：安味官网；线下：便利店、超市等。
➢ 了解更多：扫描二维码或登录www.anwei.com查看。

附图1　"您消费，我种树"活动海报

一、您觉得想参与"您消费，我种树"公益活动需要什么？	非常不同意		不确定			非常同意
1. 需要付出金钱（购买产品）来参与。	① ②	③	④	⑤	⑥	⑦
2. 需要付出努力（时间、精力等）来参与。	① ②	③	④	⑤	⑥	⑦

二、您对参与"您消费，我种树"公益活动的想法是？	非常不同意		不确定			非常同意
1. 我认为参与该活动是个好主意。	① ②	③	④	⑤	⑥	⑦
2. 我有参与该公益活动的意愿。	① ②	③	④	⑤	⑥	⑦
3. 我可能会扫描二维码或登录网站来了解更多关于该活动的信息。	① ②	③	④	⑤	⑥	⑦
4. 我会考虑购买矿泉水来参与该活动。	① ②	③	④	⑤	⑥	⑦
5. 我会考虑将该活动推荐给别人一起来参与。	① ②	③	④	⑤	⑥	⑦

三、您对该公益活动的态度是？（选择适当的数字来表示您的态度）

不喜欢	① ② ③ ④ ⑤ ⑥ ⑦	喜　欢
消　极	① ② ③ ④ ⑤ ⑥ ⑦	积　极
不　好	① ② ③ ④ ⑤ ⑥ ⑦	好
没好感	① ② ③ ④ ⑤ ⑥ ⑦	有好感

四、您认为"您消费,我种树"公益活动的价值在于?	非常不同意　　不确定　　非常同意
1. 是一种新颖的环保方式。	① ② ③ ④ ⑤ ⑥ ⑦
2. 是对新鲜事物的一种尝试。	① ② ③ ④ ⑤ ⑥ ⑦
3. 可以为平淡的生活增添生机。	① ② ③ ④ ⑤ ⑥ ⑦
4. 有助于维持生存环境的安全与稳定。	① ② ③ ④ ⑤ ⑥ ⑦
5. 可以锻炼身体,有益身心健康。	① ② ③ ④ ⑤ ⑥ ⑦
6. 有助于促进与亲朋好友间的互动,增强归属感。	① ② ③ ④ ⑤ ⑥ ⑦
7. 能给自己带来快乐。	① ② ③ ④ ⑤ ⑥ ⑦
8. 是生活的小确幸(微小而确实的幸福与满足)。	① ② ③ ④ ⑤ ⑥ ⑦
9. 有助于享受生活的点滴乐趣。	① ② ③ ④ ⑤ ⑥ ⑦
10. 能体现自己具有环保意识。	① ② ③ ④ ⑤ ⑥ ⑦
11. 能体现自己具有环保能力。	① ② ③ ④ ⑤ ⑥ ⑦
12. 有助于增强自我成就感。	① ② ③ ④ ⑤ ⑥ ⑦
13. 有助于树立个人形象。	① ② ③ ④ ⑤ ⑥ ⑦
14. 有助于保护生态环境。	① ② ③ ④ ⑤ ⑥ ⑦
15. 有助于关爱大自然。	① ② ③ ④ ⑤ ⑥ ⑦
16. 有助于人与自然的和谐统一。	① ② ③ ④ ⑤ ⑥ ⑦

五、您认为安味矿泉水积极开展"您消费,我种树"公益活动的动机是?		
动机不纯	① ② ③ ④ ⑤ ⑥ ⑦	动机单纯
为企业自身服务	① ② ③ ④ ⑤ ⑥ ⑦	为社会他人服务
不关心社会/他人	① ② ③ ④ ⑤ ⑥ ⑦	关心社会/他人
自私自利	① ② ③ ④ ⑤ ⑥ ⑦	无私奉献
主动承担	① ② ③ ④ ⑤ ⑥ ⑦	被动履行
防御性的	① ② ③ ④ ⑤ ⑥ ⑦	前瞻性的

附　录

六、您对安味矿泉水在履行社会责任方面的看法是？	非常不同意		不确定		非常同意		
1. 安味矿泉水在做好事。	①	②	③	④	⑤	⑥	⑦
2. 安味矿泉水帮助解决环境问题。	①	②	③	④	⑤	⑥	⑦
3. 安味矿泉水将企业资源(人力、物力、财力等)分配给公益活动。	①	②	③	④	⑤	⑥	⑦
4. 安味矿泉水是努力履行社会责任的企业。	①	②	③	④	⑤	⑥	⑦

七、总体来说，您对安味这一品牌的看法是？	非常不同意		不确定		非常同意		
1. 如果产品一样,选择安味而不是其他品牌是富有意义的。	①	②	③	④	⑤	⑥	⑦
2. 选择安味是有一定道理的,尽管它与其他品牌没有差异。	①	②	③	④	⑤	⑥	⑦
3. 即使其他品牌和安味一样好,我认为选择安味似乎更明智。	①	②	③	④	⑤	⑥	⑦
4. 即使安味和其他品牌没有不同,我也更愿意选择安味。	①	②	③	④	⑤	⑥	⑦

第二部分　消费者自我建构

八、选择适当的数字来表示您对下列陈述同意或不同意的程度。	完全不符合		不确定		完全符合		
1. 对我来说,尊重集体的决定是重要的。	①	②	③	④	⑤	⑥	⑦
2. 为了集体的利益,我会牺牲自己的利益。	①	②	③	④	⑤	⑥	⑦
3. 对我来说,与他人维持一种融洽的关系非常重要。	①	②	③	④	⑤	⑥	⑦
4. 我经常感到保持良好的人际关系比我自己取得成绩更重要。	①	②	③	④	⑤	⑥	⑦
5. 我尊重那些谦虚的人。	①	②	③	④	⑤	⑥	⑦
6. 周围人的快乐就是我的快乐。	①	②	③	④	⑤	⑥	⑦
7. 我乐意在许多方面与众不同。	①	②	③	④	⑤	⑥	⑦
8. 独立于他人的个性特点对我来说是非常重要的。	①	②	③	④	⑤	⑥	⑦
9. 对我来说,保持活跃的想象力很重要。	①	②	③	④	⑤	⑥	⑦
10. 与刚认识的人交往时,我喜欢直截了当。	①	②	③	④	⑤	⑥	⑦
11. 无论和谁在一起,我的表现始终一样。	①	②	③	④	⑤	⑥	⑦
12. 当我被单独夸奖或奖励时,我感到舒服。	①	②	③	④	⑤	⑥	⑦

第三部分　填表人基本信息

1. 性别：① 男　② 女
2. 年龄：＿＿＿周岁
3. 所在的省份和地区：＿＿＿＿＿＿＿省＿＿＿＿＿＿＿市
4. 最终学历(在读)：① 高中(中专)及以下　② 大专　③ 本科　④ 硕士　⑤ 博士及以上
5. 职业：① 在校学生　② 企业员工　③ 事业单位或政府机关工作人员　④ 自由职业
　　　　⑤ 其他
6. 月收入：① 3000 元以下　② 3000～6000 元　③ 6001～9000 元　④ 9001～12000 元
　　　　　⑤ 12001～15000 元　⑥ 15001～20000 元　⑦ 20000 元以上
7. 您听说过类似的公益活动吗？　非常陌生　①　②　③　④　⑤　⑥　⑦　非常熟悉
8. 您参与过类似的公益活动吗？　从不参与　①　②　③　④　⑤　⑥　⑦　参与多次
9. 您关注各类公益活动吗？　从不关注　①　②　③　④　⑤　⑥　⑦　非常关注
10. 您关注各种环保活动吗？　从不关注　①　②　③　④　⑤　⑥　⑦　非常关注
11. 您有花钱买矿泉水喝的习惯吗？　① 没有　② 有，一周 0～2 次　③ 有，一周 3～5 次　④ 有，≥6 次/周

附录二　调查问卷(类型二)

调　查　问　卷

尊敬的先生/女士：

您好！非常感谢您在百忙中填写这份问卷！

本问卷是关于消费者对企业社会责任的认知与行为意愿的学术研究。

对于问题您只要选择您认为合适的选项就可以,您的回答没有好坏、对错之分。但如果您漏答乱答,本问卷将会失去意义,烦请稍加注意。

问卷以匿名的方式填写,我们会对问卷数据进行严格的保密,且只作综合性的统计处理,不作个案研究。问卷结果将完全用于学术研究,不用于商业用途。我们在任何时候都不会泄露您的回答与个人信息,请放心填写！如您需要本调查的分析结果或有其他要求,请与我们联系,十分乐意为您效劳。

再次感谢您的支持与合作！

联系人：方亚平
联系方式：fypyjsk@126.com

第一部分　对公益活动及履责企业的认知

◆ 安味集团是各类休闲食品及饮料制造企业,旗下有安味休闲咔、安味矿泉水、安味快乐饮等子公司。

◆ 最近,子公司安味矿泉水正在积极开展"您走路,我种树"公益活动。

◆ 请认真看一看安味矿泉水公益倡议海报(附图2)。

附图 2　"您走路,我种树"活动海报

一、您觉得想参与"您走路,我种树"公益活动需要什么?	非常 不同意		不确 定			非常 同意	
1. 需要付出金钱(购买产品)来参与。	①	②	③	④	⑤	⑥	⑦
2. 需要付出努力(时间、精力等)来参与。	①	②	③	④	⑤	⑥	⑦

二、您对参与"您走路,我种树"公益活动的想法是?	非常 不同意		不确 定			非常 同意	
1. 我认为参与该活动是个好主意。	①	②	③	④	⑤	⑥	⑦
2. 我有参与该公益活动的意愿。	①	②	③	④	⑤	⑥	⑦
3. 我可能会扫描二维码或登录网站来了解更多关于该活动的信息。	①	②	③	④	⑤	⑥	⑦
4. 我会考虑扫描二维码来参与该活动。	①	②	③	④	⑤	⑥	⑦
5. 我会考虑将该活动推荐给别人一起来参与。	①	②	③	④	⑤	⑥	⑦

三、您对该公益活动的态度是？（选择适当的数字来表示您的态度）		
不喜欢	① ② ③ ④ ⑤ ⑥ ⑦	喜　欢
消　极	① ② ③ ④ ⑤ ⑥ ⑦	积　极
不　好	① ② ③ ④ ⑤ ⑥ ⑦	好
没好感	① ② ③ ④ ⑤ ⑥ ⑦	有好感

四、您认为"您走路，我种树"公益活动的价值在于？	非常不同意	不确定	非常同意
1. 是一种新颖的环保方式。	① ② ③	④ ⑤	⑥ ⑦
2. 是对新鲜事物的一种尝试。	① ② ③	④ ⑤	⑥ ⑦
3. 可以为平淡的生活增添生机。	① ② ③	④ ⑤	⑥ ⑦
4. 有助于维持生存环境的安全与稳定。	① ② ③	④ ⑤	⑥ ⑦
5. 可以锻炼身体，有益身心健康。	① ② ③	④ ⑤	⑥ ⑦
6. 有助于促进与亲朋好友间的互动，增强归属感。	① ② ③	④ ⑤	⑥ ⑦
7. 能给自己带来快乐。	① ② ③	④ ⑤	⑥ ⑦
8. 是生活的小确幸(微小而确实的幸福与满足)。	① ② ③	④ ⑤	⑥ ⑦
9. 有助于享受生活的点滴乐趣。	① ② ③	④ ⑤	⑥ ⑦
10. 能体现自己具有环保意识。	① ② ③	④ ⑤	⑥ ⑦
11. 能体现自己具有环保能力。	① ② ③	④ ⑤	⑥ ⑦
12. 有助于增强自我成就感。	① ② ③	④ ⑤	⑥ ⑦
13. 有助于树立个人形象。	① ② ③	④ ⑤	⑥ ⑦
14. 有助于保护生态环境。	① ② ③	④ ⑤	⑥ ⑦
15. 有助于关爱大自然。	① ② ③	④ ⑤	⑥ ⑦
16. 有助于人与自然的和谐统一。	① ② ③	④ ⑤	⑥ ⑦

五、您认为安味矿泉水积极开展"您走路,我种树"公益活动的动机是?

动机不纯	① ② ③ ④ ⑤ ⑥ ⑦	动机单纯
为企业自身服务	① ② ③ ④ ⑤ ⑥ ⑦	为社会他人服务
不关心社会/他人	① ② ③ ④ ⑤ ⑥ ⑦	关心社会/他人
自私自利	① ② ③ ④ ⑤ ⑥ ⑦	无私奉献
被动履行	① ② ③ ④ ⑤ ⑥ ⑦	主动承担
防御性的	① ② ③ ④ ⑤ ⑥ ⑦	前瞻性的

六、您对安味矿泉水在履行社会责任方面的看法是?

	非常不同意　　不确定　　非常同意
1. 安味矿泉水在做好事。	① ② ③ ④ ⑤ ⑥ ⑦
2. 安味矿泉水帮助解决环境问题。	① ② ③ ④ ⑤ ⑥ ⑦
3. 安味矿泉水将企业资源(人力、物力、财力等)分配给公益活动。	① ② ③ ④ ⑤ ⑥ ⑦
4. 安味矿泉水是努力履行社会责任的企业。	① ② ③ ④ ⑤ ⑥ ⑦

七、总体来说,您对安味这一品牌的看法是?

	非常不同意　　不确定　　非常同意
1. 如果产品一样,选择安味而不是其他品牌是富有意义的。	① ② ③ ④ ⑤ ⑥ ⑦
2. 选择安味是有一定道理的,尽管它与其他品牌没有差异。	① ② ③ ④ ⑤ ⑥ ⑦
3. 即使其他品牌和安味一样好,我认为选择安味似乎更明智。	① ② ③ ④ ⑤ ⑥ ⑦
4. 即使安味和其他品牌没有不同之处,我也更愿意选择安味。	① ② ③ ④ ⑤ ⑥ ⑦

第二部分　消费者自我建构

八、选择适当的数字来表示您对下列陈述同意或不同意的程度。	完全不符合	不确定	完全符合
1. 对我来说,尊重集体的决定是重要的。	① ② ③	④	⑤ ⑥ ⑦
2. 为了集体的利益,我会牺牲自己的利益。	① ② ③	④	⑤ ⑥ ⑦
3. 对我来说,与他人维持一种融洽的关系非常重要。	① ② ③	④	⑤ ⑥ ⑦
4. 我经常感到保持良好的人际关系比我自己取得成绩更重要。	① ② ③	④	⑤ ⑥ ⑦
5. 我尊重那些谦虚的人。	① ② ③	④	⑤ ⑥ ⑦
6. 周围人的快乐就是我的快乐。	① ② ③	④	⑤ ⑥ ⑦
7. 我乐意在许多方面与众不同。	① ② ③	④	⑤ ⑥ ⑦
8. 独立于他人的个性特点对我来说是非常重要的。	① ② ③	④	⑤ ⑥ ⑦
9. 对我来说,保持活跃的想象力很重要。	① ② ③	④	⑤ ⑥ ⑦
10. 与刚认识的人交往时,我喜欢直截了当。	① ② ③	④	⑤ ⑥ ⑦
11. 无论和谁在一起,我的表现始终一样。	① ② ③	④	⑤ ⑥ ⑦
12. 当我被单独夸奖或奖励时,我感到舒服。	① ② ③	④	⑤ ⑥ ⑦

第三部分　填表人基本信息

1. 性别:① 男　② 女
2. 年龄:＿＿＿周岁
3. 所在的省份和地区:＿＿＿＿＿省＿＿＿＿＿市
4. 最终学历(在读):① 高中(中专)及以下　② 大专　③ 本科　④ 硕士　⑤ 博士及以上
5. 职业:① 在校学生　② 企业员工　③ 事业单位或政府机关工作人员　④ 自由职业　⑤ 其他
6. 月收入:① 3000元以下　② 3000～6000元　③ 6001～9000元　④ 9001～12000元　⑤ 12001～15000元　⑥ 15001～20000元　⑦ 20000元以上
7. 您听说过类似的公益活动吗?　非常陌生　① ② ③ ④ ⑤ ⑥ ⑦　非常熟悉
8. 您参与过类似的公益活动吗?　从不参与　① ② ③ ④ ⑤ ⑥ ⑦　参与多次
9. 您关注各类公益活动吗?　从不关注　① ② ③ ④ ⑤ ⑥ ⑦　非常关注
10. 您关注各种环保活动吗?　从不关注　① ② ③ ④ ⑤ ⑥ ⑦　非常关注
11. 您有花钱买矿泉水喝的习惯吗?　① 没有　② 有,一周0～2次　③ 有,一周3～5次　④ 有,≥6次/周

附录三 所有变量第四次探索性因子分析详细结果

附表 1 所有变量第四次探索性因子分析详细结果

变	量	公因子方差	因子 1	因子 2	因子 3	因子 4	因子 5	因子 6	因子 7	因子 8	因子 9	因子 10	因子 11	因子 12
品牌资产	BE4	0.787	0.819	0.115	0.192	0.079	0.14	0.078	0.142	0.056	0.035	0.078	0.049	0.041
	BE3	0.819	0.805	0.138	0.146	0.169	0.096	0.19	0.095	0.127	0.094	0.14	0.052	0.025
	BE2	0.703	0.757	0.125	0.054	0.141	0.076	0.203	0.085	0.091	0.076	0.105	0.083	0.07
	BE1	0.681	0.683	0.116	0.076	0.225	0.117	0.251	0.173	0.128	-0.067	0.057	0.044	0.109
态度	AT4	0.828	0.115	0.827	0.158	0.158	0.154	0.123	0.137	0.063	0.116	0.027	0.054	0.043
	AT2	0.809	0.166	0.817	0.12	0.099	0.09	0.044	0.161	0.134	0.049	0.118	0.089	0.104
	AT3	0.804	0.105	0.775	0.139	0.227	0.065	0.238	0.147	0.128	0.036	0.044	0.082	0.113
	AT1	0.706	0.191	0.603	0.166	0.182	-0.217	0.061	0.221	0.305	0.076	0.054	0.013	0.209
成就价值	PV13	0.797	0.209	0.106	0.731	0.106	0.176	0.083	0.099	0.18	0.28	0.126	0.081	0.13
	PV10	0.836	0.119	0.233	0.724	0.163	0.299	0.208	0.12	0.182	0.04	0.076	0.07	0.158
	PV12	0.793	0.167	0.17	0.715	0.152	0.097	0.166	0.112	0.287	0.218	0.086	0.081	0.093
	PV11	0.818	0.133	0.19	0.701	0.171	0.309	0.163	0.188	0.141	0.189	0.101	0.103	0.099
感知动机	PM4	0.789	0.104	0.158	0.098	0.818	0.094	0.107	0.145	0.093	0.102	0.091	0.078	-0.026
	PM5	0.692	0.172	0.082	0.117	0.76	0.047	0.193	0.073	0.057	-0.002	0.05	0.066	0.099
	PM3	0.735	0.113	0.239	0.046	0.745	0.115	0.181	0.057	0.163	0.131	0.084	0.079	-0.049
	PM6	0.745	0.245	0.113	0.231	0.677	0.118	0.254	0.122	0.036	0.058	0.082	0.127	0.198

续表

变量		公因子方差	因子1	因子2	因子3	因子4	因子5	因子6	因子7	因子8	因子9	因子10	因子11	因子12
普世主义价值	PV14	0.917	0.146	0.135	0.192	0.117	0.818	0.228	0.202	0.186	0.112	0.107	0.022	0.068
	PV15	0.925	0.165	0.193	0.229	0.112	0.806	0.227	0.163	0.184	0.078	0.108	0.001	0.122
	PV16	0.871	0.16	0.145	0.281	0.148	0.771	0.214	0.086	0.093	0.143	0.081	0.01	0.199
企业社会责任感知	CSR3	0.805	0.205	0.153	0.156	0.173	0.151	0.783	0.082	0.117	0.13	0.078	0.082	-0.011
	CSR2	0.853	0.256	0.109	0.157	0.243	0.308	0.72	0.093	0.126	0.1	0.132	0.08	0.143
	CSR1	0.798	0.216	0.139	0.118	0.311	0.266	0.665	0.109	0.15	0.093	0.148	0.16	0.132
	CSR4	0.75	0.319	0.149	0.173	0.293	0.138	0.664	0.157	0.059	0.104	0.058	0.046	0.073
参与意愿	PI3	0.819	0.198	0.21	0.103	0.046	0.091	0.097	0.782	0.056	0.27	0.073	-0.052	0.097
	PI4	0.836	0.155	0.19	0.118	0.175	0.168	0.164	0.778	0.137	-0.14	0.077	0.058	0.152
	PI5	0.838	0.163	0.207	0.183	0.198	0.172	0.074	0.761	0.148	0.211	0.053	0.078	0.077
享乐主义价值	PV8	0.92	0.193	0.208	0.26	0.156	0.192	0.163	0.132	0.775	0.168	0.138	0.095	0.101
	PV7	0.843	0.175	0.237	0.333	0.164	0.168	0.155	0.175	0.695	0.158	0.077	0.086	0.125
	PV9	0.863	0.168	0.252	0.323	0.155	0.264	0.151	0.142	0.65	0.257	0.128	0.062	0.143
安全价值	PV6	0.856	0.052	0.068	0.248	0.136	0.123	0.097	0.155	0.201	0.798	0.043	0.041	0.199
	PV5	0.849	0.05	0.135	0.259	0.104	0.139	0.195	0.107	0.149	0.79	0.048	0.032	0.18
互依型自我建构	SC2	0.848	0.176	0.104	0.083	0.073	0.08	0.09	0.051	0.114	0.066	0.87	0.018	-0.044
	SC1	0.835	0.112	0.056	0.134	0.151	0.12	0.13	0.093	0.06	0.013	0.844	0	0.15
独立型自我建构	SC7	0.823	0.089	0.03	0.053	0.129	0.013	0.072	0.028	0.027	-0.007	0.097	0.881	0.044
	SC8	0.805	0.067	0.13	0.113	0.096	0.011	0.106	0.018	0.089	0.065	-0.084	0.855	0.002
刺激价值	PV2	0.893	0.117	0.211	0.218	0.075	0.178	0.097	0.177	0.168	0.276	0.063	0.043	0.774
	PV1	0.873	0.153	0.26	0.228	0.094	0.272	0.156	0.22	0.138	0.272	0.094	0.037	0.686

附录四　初始修正指数以及二次拟合修正指数

附表 2　初始修正指数

协　方　差	修正指数（M.I.）	期望参数改变量（par change）
e32 ↔ PM	29.701	0.229
e32 ↔ AT	8.338	-0.131
e32 ↔ e31	4.315	-0.091
e33 ↔ e31	6.226	-0.136
e30 ↔ type	18.156	-0.1
e30 ↔ e32	22.872	0.2
e26 ↔ type	79.312	0.267
e26 ↔ AT	4.138	-0.126
e26 ↔ e32	5.228	-0.122
e26 ↔ e34	5.798	-0.111
e26 ↔ e30	13.36	-0.207
e28 ↔ e29	8.32	0.109
e27 ↔ PM	12.921	-0.21
e27 ↔ AT	7.37	0.171
e27 ↔ e26	12.29	0.26
e19 ↔ e31	36.713	0.293
e19 ↔ e28	13.52	0.151
e19 ↔ e27	4.154	0.123
e25 ↔ e32	11.98	0.168
e24 ↔ e33	4.058	0.089
e23 ↔ e32	8.822	0.109
e23 ↔ e29	5.245	-0.087
e7 ↔ e30	9.771	0.142
e8 ↔ e30	6.281	-0.129
e8 ↔ e28	12.12	0.159

续表

协　方　差	修正指数(M.I.)	期望参数改变量(par change)
e18 ↔ e29	4.454	0.083
e22 ↔ e19	8.25	−0.133
e21 ↔ PM	4.751	0.096
e21 ↔ e32	9.243	0.126
e21 ↔ e23	5.148	0.087
e21 ↔ e18	6.05	−0.099
e20 ↔ PM	9.209	−0.149
e20 ↔ e32	7.607	−0.128
e20 ↔ e23	4.081	−0.087
e15 ↔ PM	7.816	0.144
e15 ↔ e24	7.69	0.12
e14 ↔ PM	8.477	−0.163
e14 ↔ AT	4.642	0.131
e14 ↔ e27	4.425	0.154
e13 ↔ e27	6.504	−0.132
e13 ↔ e18	4.831	−0.079
e13 ↔ e17	4.858	0.07
e13 ↔ e21	4.797	0.085
e12 ↔ e30	20.425	0.142
e12 ↔ e20	9.098	−0.105
e11 ↔ PM	10.78	0.109
e11 ↔ e23	5.058	0.065
e5 ↔ e32	5.321	0.076
e5 ↔ e8	5.29	0.094
e10 ↔ e33	4.464	−0.089
e10 ↔ e27	4.462	0.099
e10 ↔ e12	7.644	0.07
e9 ↔ type	9.06	−0.054
e9 ↔ e32	6.217	0.08
e9 ↔ e26	16.397	−0.176
e9 ↔ e18	4.999	0.069

续表

协　方　差	修正指数（M.I.）	期望参数改变量（par change）
e4 ↔ e32	6.582	-0.121
e4 ↔ e27	4.099	0.133
e4 ↔ e20	6.064	-0.137
e4 ↔ e9	7.369	-0.104
e3 ↔ type	46.179	0.175
e3 ↔ e18	4.039	-0.09
e3 ↔ e5	6.588	-0.099
e6 ↔ e32	9.713	-0.094
e2 ↔ e26	7.07	0.161
e2 ↔ e4	8.301	0.154
e1 ↔ e28	6.732	-0.105

附表3　二次拟合修正指数

协　方　差	修正指数（M.I.）	期望参数改变量（par change）
e33 ↔ e31	7.662	-0.159
e30 ↔ e32	34.982	0.238
e26 ↔ e31	4.086	0.113
e26 ↔ e34	7.218	-0.111
e26 ↔ e30	6.947	-0.134
e28 ↔ e29	5.839	0.09
e27 ↔ PM	8.637	-0.172
e27 ↔ AT	5.27	0.143
e27 ↔ e29	5.387	-0.128
e27 ↔ e26	12.508	0.234
e27 ↔ e28	5.708	-0.12
e19 ↔ e31	37.699	0.309
e19 ↔ e28	13	0.146
e25 ↔ e32	6.218	0.116
e24 ↔ e32	6.257	-0.086
e24 ↔ e33	5.557	0.106
e24 ↔ e29	6.112	0.092

续表

协方差	修正指数（M.I.）	期望参数改变量（par change）
e23 ↔ e28	5.6	0.081
e23 ↔ e25	5.404	-0.1
e7 ↔ e30	8.124	0.129
e8 ↔ e30	7.494	-0.14
e8 ↔ e28	11.042	0.15
e18 ↔ PM	4.831	-0.091
e22 ↔ e19	8.274	-0.133
e21 ↔ PM	6.042	0.109
e21 ↔ e32	5.278	0.092
e21 ↔ e18	6.009	-0.098
e20 ↔ PM	10.316	-0.159
e20 ↔ e32	4.953	-0.1
e15 ↔ PM	9.033	0.157
e15 ↔ e24	9.405	0.135
e14 ↔ PM	7.337	-0.153
e14 ↔ e27	4.61	0.155
e13 ↔ e27	5.4	-0.119
e13 ↔ e18	4.374	-0.075
e13 ↔ e17	4.381	0.066
e13 ↔ e21	4.319	0.081
e12 ↔ e31	4.067	0.071
e12 ↔ e30	23.832	0.154
e12 ↔ e20	8.071	-0.1
e5 ↔ e32	4.388	0.067
e5 ↔ e8	5.425	0.095
e10 ↔ e33	4.406	-0.089
e10 ↔ e27	4.032	0.093
e10 ↔ e12	8.276	0.074
e9 ↔ e32	9.54	0.095
e9 ↔ e26	9.66	-0.122
e9 ↔ e18	4.736	0.067

续表

协　方　差	修正指数(M.I.)	期望参数改变量(par change)
e4 ↔ e31	5.783	0.134
e4 ↔ e32	5.616	−0.109
e4 ↔ e33	4.367	0.125
e4 ↔ e27	4.249	0.135
e4 ↔ e20	7.123	−0.148
e4 ↔ e9	5.719	−0.092
e3 ↔ e5	4.976	−0.081
e6 ↔ e32	6.18	−0.072
e2 ↔ e26	6.401	0.138
e2 ↔ e4	8.185	0.153
e1 ↔ e28	8.837	−0.119
e1 ↔ e19	4.111	0.095

参 考 文 献

Aguilera R V, Rupp D E, Williams C A, et al. ,2007. Putting the S back in corporate social responsibility: A multilevel theory of social change in organizations[J]. Academy of Management Review,32:836-863.

Aguinis H, Glavas A,2012. What we know and don't know about corporate social responsibility: A review and research agenda[J]. Journal of Management,38(4):932-968.

Ahn Y, Lee J,2020. The effect of participation effort on CSR participation intention: The moderating role of construal level on consumer perception of warm glow and perceived costs [J]. Sustainability(3):12-83.

Andreu L A B, Casado-Díaz, Mattila A S,2015. Effects of message appeal and service type in CSR communication strategies[J]. Journal of Business Research,68:1488-1495.

Arora P, Dharwadkar R,2011. Corporate governance and corporate social responsibility CSR: The moderating roles of attainment discrepancy and organization slack[J]. Corporate Government International Review,19(2):136-152.

Aupperle K E, Carroll A B, Hatfield J D,1985. An empirical examination of the relationship between corporate social responsibility and profitability[J]. Academy of Management Journal,6:446-463.

Backhaus K B, Stone B A, Heiner K,2002. Exploring the relationship between corporate social performance and employer attractiveness[J]. Business & Society,41(3):292-318.

Bansal P,2003. From issues to actions: The importance of individual concerns and organizational values in responding to natural environmental issues[J]. Organization Science,14:510-527.

Bansal P, Roth K,2000. Why companies go green: A model of ecological responsiveness[J]. Academy of Management Journal,43:717-736.

Barnett M L, Salomon R M,2006. Beyond dichotomy: The curvilinear relationship between social responsibility and financial performance[J]. Strategic Management Journal, 27: 1101-1122.

Baron R M, Kenny D A,1986. The moderator-mediator variable distinction in social psychological research: Conceptual, strategic, and statistical considerations[J]. Journal of Personality and Social Psychology,51(6):1173.

Baskentli S, Sen S, Du S, et al. ,2019. Consumer reactions to corporate social responsibility: The role of CSR domains[J]. Journal of Business Research,95:502-513.

Berman S L, Wicks A C, Kotha S, et al. , 1999. Does stakeholder orientation matter? [J]. Academy of Management Journal,10:488-506.

参 考 文 献

Bhattacharya C B, Sen S, 2004. Doing better at doing good: When, why, and how consumers respond to corporate social initiatives[J]. California Management Review, 47(1):9-24.

Boccia F, Sarnacchiaro P, 2018. The impact of corporate social responsibility on consumer preference: A structural equation analysis[J]. Corporate Social Responsibility and Environmental Management, 25:151-163.

Bowen H R, 2013. Social responsibilities of the businessman[M]. Iowa: University of Iowa Press.

Brewer M B, Gardner W, 1996. Who is this "we"? Levels of collective identity and self representations[J]. Journal of Personality and Social Psychology, 71(1):83-93.

Brown T J, Dacin P A, 1997. The company and the product: Corporate associations and consumer product responses[J]. Journal of Marketing, 61:68-84.

Carroll A B, 1999. Corporate social responsibility: Evolution of a definitional construct[J]. Business Society, 38(3):268-295.

Carroll A B, 1979. A three-dimensional conceptual model of corporate performance[J]. Academy of Management Review, 4(4):497-505.

Carroll A B, 1991. The pyramid of corporate social responsibility: Towards the moral management of organizational stakeholders[J]. Business Horizons, 34:39-48.

Carroll A B, 2004. Managing ethically with global stakeholders: A present and future challenge [J]. Academy of Management Executive, 18:114-120.

Carroll A B, Buchholtz A K, 2000. Business and society: Ethics and stakeholder management [M]. 4th ed. Cincinnati: South-Western College Publishing.

Carroll A B, 1991. The pyramid of corporate social responsibility: Toward the moral management of organizational stakeholders[J]. Business Horizons, 34:39-48.

Chae H, Ko E, Han J, 2015. How do customers' SNS participation activities impact on customer equity drivers and customer loyalty? Focus on the SNS services of a global SPA brand[J]. Journal of Global Scholars of Marketing Science, 25(2):122-141.

Chatterjee S, Rai D, Heath T B, 2016. Trade-off between time and money: The asymmetric consideration of opportunity costs[J]. Journal of Business Research, 69:2560-2566.

Chatterji A K, Toffel M W, 2010. How firms respond to being rated?[J]. Strategic Management Journal, 31:917-945.

Chen Z, Chen S, Hussain T, 2019. The Perception of corporate social responsibility in Muslim society: A survey in Pakistan and Sudan[J]. Sustainability, 11(22):6297.

Chen S C, Lin C P, 2019. Understanding the effect of social media marketing activities: The mediation of social identification, perceived value, and satisfaction[J]. Technological Forecasting and Social Change, 140:22-32.

Chen Ze, Huang Y, 2016. Cause-related marketing is not always less favorable than corporate philanthropy: The moderating role of self-construal[J]. International Journal of Research in Marketing, 33(4):868-880.

Cheng Y, Chen Y R, Hung-Baesecke C F, et al., 2019. When CSR meets mobile SNA users in mainland China: An examination of gratifications sought, CSR motives, and relational outcomes in natural disasters[J]. International Journal of Communication,13:319-341.

Chiu S, Sharfman M, 2011. Legitimacy, visibility, and the antecedents of corporate social performance:An investigation of the instrumental perspective[J]. Journal of Management, 37:1558-1585.

Christmann P,Taylor G,2006. Firm self-regulation through international certifiable standards: Determinants of symbolic versus substantive implementation[J]. Journal of International Business Studies,37:863-878.

Çifci S,Ekinci Y,Whyatt G,et al. ,2016. A cross validation of consumer-based brand equity models:Driving customer equity in retail brands[J]. Journal of Business Research,69(9): 3740-3747.

Currás-Pérez R,Dolz-Dolz C,Miquel-Romero M J,et al. ,2018. How social,environmental,and economic CSR affects consumer-perceived value: Does perceived consumer effectiveness make a difference? [J]. Corporate Social Responsibility and Environmental Management,25 (5):733-747.

Dabholkar P A,Sheng X,2012. Consumer participation in using online recommendation agents: Effects on satisfaction, trust, and purchase intentions[J]. Service Industry Journal, 32: 1433-1449.

Dahlsrud A,2008. How corporate social responsibility is defined:An analysis of 37 definitions [J]. Corporate Social Responsibility and Environmental Management,15(1):1-13.

David P, Bloom M, Hillman A J, 2007. Investor activism, managerial responsiveness, and corporate social performance[J]. Strategic Management Journal,28:91-100.

Davis F D,Warshaw P R,1992. What do intention scales measure? [J]. The Journal of General Psychology,119(4):391-407.

Davis K,1960. Can business afford to ignore social responsibilities? [J]. California Management Review,4:70-76.

Davis J H, Schoorman F D, Donaldson L,1997. Toward a stewardship theory of management [J]. Academy of Management Review,22:20-47.

Deckop J R, Merriman K K, Gupta S, 2006. The effects of CEO pay structure on corporate social performance[J]. Journal of Management,32:329-342.

Donaldson T, Preston L E, 1995. The stakeholder theory of the corporation: Concepts, evidence,and implications[J]. Academy of Management Review,20(1):43-65.

Donia M B L,Ronen S,Tetrault S C A,et al. ,2019. CSR by any other name? The differential impact of substantive and symbolic CSR attributions on employee outcomes[J]. Journal of Business Ethics,157(2):503-523.

Drucker P F,1984. The new meaning of corporate social responsibility[J]. California Management Review,12:53-63.

Du S, Bhattacharya C B, Sen S, 2007. Reaping relational rewards from corporate social responsibility:The role of competitive positioning[J]. International Journal of Marketing,24 (3):224-241.

Du S,Bhattacharya C B,Sen S,2010. Maximizing business returns to corporate social responsibility

CSR:The role of CSR communication[J]. International Journal of Management Reviews,12(1):8-19.

Eccles J S, Barber B L, Stone M, et al., 2003. Extracurricular activities and adolescent development[J]. Journal of Social Issues,59(4):865-889.

Elkington J,1998. Partnerships from cannibals with forks:The triple bottom line of 21st-century business[J]. Environmental Quality Management,8(1):37-51.

Ellen P S, Webb D J, Mohr L A, 2006. Building corporate associations:Consumer attributions for corporate socially responsible programs[J]. Journal of Academy of Marketing Science, 34(2):147-157.

Ellen P S, Mohr L A, Webb D J, 2000. Charitable programs and the retailer:Do they mix?[J]. Journal of Retailing,76:393-406.

Endacott R W J, 2004. Consumers and CRM:A national and global perspective[J]. Journal of Consumer Marketing,21(3):183-189.

Epstein S, Lipson A, Holstein C, et al., 1992. Irrational reactions to negative outcomes:Evidence for two conceptual systems[J]. Journal of Personality and Social Psychology,62:328-339.

Park E, Heo Y, Yoo H, 2005. The influences of the brand-cause relevance and participation type on cause-related advertisement effects[J]. Korean Journal of Broadcasting and Telecommunication Studies,19(1):286-325.

Fatma M, Rahman Z, Khan I, 2015. Building company reputation and brand equity through CSR:The mediating role of trust[J]. International Journal of Bank Marketing, 33(6):840-856.

Folse J A G, Niedrich R W, Grau S L, 2010. Cause-relating marketing:The effects of purchase quantity and firm donation amount on consumer inferences and participation intentions[J]. Journal of Retailing,86(4):295-309.

Friedman M,1970. The social responsibility of business is to increase its profits[J]. The New York Times,9(13):122-126

Fry L W, Keim G D, Meiners R E, 1982. Corporate contributions:Altruistic or for-profit[J]. Academy of Management Journal,25:94-106.

Garriga E, Mele D, 2004. Corporate social responsibility theories:Mapping the territory[J]. Journal of Business Ethics,53(1):51-71.

Godfrey P C,2005. The relationship between corporate philanthropy and shareholder wealth:A risk management perspective[J]. Academy of Management Review,30:777-798.

Golob U, Lah M, Jančič Z, 2008. Value orientations and consumer expectations of corporate social responsibility[J]. Journal of Marketing Communications,14(2):83-96.

Golob U, Podnar K, Koklič M K, et al., 2019. The importance of corporate social responsibility for responsible consumption:Exploring moral motivations of consumers[J]. Corporate Social Responsibility Environment Management,26:416-423.

Grau S L, Folse J A G, 2007. Cause-related marketing CRM:The influence of donation proximity and message-framing cues on the less-involved consumer[J]. Journal of Advertising,36(4):19-33.

Graves S B, Waddock S A, 1994. Institutional owners and corporate social performance[J].

Academy of Management Journal,37:1034-1046.

Green T,Peloza J,2011. How does corporate social responsibility create value for consumers? [J]. Journal of Consumer Marketing,28:48-56.

Greening D W,Daniel B,2000. Turban corporate social performance as a competitive advantage in attracting a quality workforce[J]. Business and Society,39(3):254-280.

Greening D W,Gray B,1994. Testing a model of organizational response to social and political issues[J]. Academy of Management Journal,37:467-498.

Heider F,1958. The psychology of interpersonal relation[M]. 2th ed. New York:Wiley.

Heinberg M H, Ozkaya E, Taube M,2018. Do corporate image and reputation drive brand equity in India and China? Similarities and differences[J]. Journal of Business Research,86: 259-268.

Hildebrand D, DeMotta Y, Sen S, et al.,2017. Consumer responses to corporate social responsibility CSR contribution type[J]. Journal of Consumer Research,44:738-758.

Holbert R L, Stephenson M T,2003. The importance of indirect effects in media effects research:Testing for mediation in structural equation modeling[J]. Journal of Broadcasting & Electronic Media,47(4):556-572.

Holbrook M B,1999. Customer value:A framework for analysis and research[M]. Routledge: London.

Holt D B, Quelch J A, Taylor E L,2004. How global brands compete[J]. Harvard Business Review,82(9):68-75.

Hong Y,Wan C,No S,et al.,2007. Multicultural identities in handbook of cultural psychology [M]. New York:The Guilford Press:323-345.

Hong S, Malik M L, Lee M K,2003. Testing configural, metric, scalar, and latent mean invariance across genders in sociotropy and autonomy using a non-western sample[J]. Educational and Psychological Measurement,63(4):636-654.

Howie K M,Yang L,Vitell S J,et al.,2018. Consumer participation in cause-related marketing: An examination of effort demands and defensive denial[J]. Journal of Business Ethics,147: 679-692.

Hsu K T,2012. The advertising effects of corporate social responsibility on corporate reputation and brand equity:Evidence from the life insurance industry in Taiwan[J]. Journal of Business Ethics,1092:189-201.

Hur W M, Kim H, Woo J,2014. How CSR leads to corporate brand equity:Mediating mechanisms of corporate brand credibility and reputation[J]. Journal of Business Ethics, 125:75-86.

Hur W M,Moon T W,Kim H,2020. When and how does customer engagement in CSR initiatives lead to greater CSR participation? The role of CSR credibility and customer-company identification[J]. Corporate Social Responsibility Environment Management,27:1878-1891.

Lim H,2019. Effects of time vs. money on donation intention:The moderating roles of social distance[J]. Consumer Culture Study,22(2):18-36.

Inoue Y,Funk D C,McDonald H,2017. Predicting behavioral loyalty through corporate social responsibility: The mediating role of involvement and commitment[J]. Journal of Business Research,75:46-56.

Ji S,2010. The impact of corporate social responsibility on brand equity Korean[J]. Journal of Business Administration,23(4):2251-2269.

Jiang R J,Bansal P,2003. Seeing the need for ISO 14001[J]. Journal of Management Studies, 40:1047-1067.

Johnson R A, Greening D W, 1999. The effects of corporate governance and institutional ownership types on corporate social performance[J]. Academy of Management Journal,42: 564-576.

Johnson S G B, Park S Y, 2021. Moral signaling through donations of money and time[J]. Organizational Behavior and Human Decision Processes,165:183-196.

Jones E E, Davis K E, 1965. From acts to dispositions the attribution process in person perception[J]. Advances in Experimental Social Psychology,2:219-266.

Jones T M, 1995. Instrumental stakeholder theory: A synthesis of ethics and economics[J]. Academy of Management Review,4:404-437.

Jones D A, 2010. Does serving the community also serve the company? Using organizational identification and social exchange theories to understand employee responses to a volunteerism programme[J]. Journal of Occupational and Organizational Psychology, 83: 857-878.

Jones T M, 1995. Instrumental stakeholder theory: A synthesis of ethics and economics[J]. Academy of Management Review,20(2):404-437.

Han J S,Lee B K,An E M,2012. The effect of relevance between corporation and activities for public interests on attitude of corporation and ads: The moderating role of self-construal[J]. The Korean Journal of Advertising and Public Relations,14(4):5-38.

Keller K L,1993. Conceptualizing, measuring, and managing customer-based brand equity[J]. Journal of Marketing,571:1-22.

Kelley H H,1973. The processes of causal attribution[J]. American Psychologist,28(2):107.

Khan M T,Khan N A,Ahmed S,et al.,2012. Corporate social responsibility(CSR): Definition, concepts and scope[J]. Universal Journal of Management and Social Sciences,2(7):41-52.

Kim S,2019. The process model of corporate social responsibility(CSR) communication: CSR communication and its relationship with consumers' CSR knowledge, trust, and corporate reputation perception[J]. Journal of Business Ethics,154:1143-1159.

Kluckhohn C, 1951. Values and value-orientations in the theory of action: An exploration in definition and classification[M]. Cambridge: Harvard University Press:388-433.

Kotler P,Keller K L,2011. Marketing management[M]. 14th ed. New Jersey: Prentice Hall.

Kuokkanen H, Sun W, 2019. Companies meet ethical consumers: Strategic CSR management to impact consumer choice[J]. Journal of Business Ethics,3:1-21.

Lacey R,Kennett-Hensel P A,Manolis C,2015. Is corporate social responsibility a motivator or hygiene factor? Insights into its bivalent nature[J]. Journal of the Academy of Marketing Science,43(3):315-332.

Lai C S, Chiu C J, Yang C F, et al. , 2010. The effects of corporate social responsibility on brand performance: The mediating effect of industrial brand equity and corporate reputation[J]. Journal of Business Ethics, 95(3): 457-469.

Leach C W, Zomeren M, Zebel S, et al. , 2008. Group-level self-definition and self-investment: A hierarchical multicomponent model of in-group identification[J]. Journal of Personality and Social Psychology, 95: 144-165.

Lee S Y, Zhang W, Abitbol A, 2019. What makes CSR communication lead to CSR participation? Testing the mediating effects of CSR associations, CSR credibility, and organization-public relationships[J]. Journal of Business Ethics, 157: 413-429.

Li M, Mao J, 2015. Hedonic or utilitarian? Exploring the impact of communication style alignment on user's perception of virtual health advisory services[J]. International Journal of Information and Management Sciences, 35: 229-243.

Lii Y S, Lee M, 2012. Doing right leads to doing well: When the type of CSR and reputation interact to affect consumer evaluations of the firm[J]. Journal of Business Ethics, 105(1): 69-81.

Luo X, Bhattacharya C B, 2006. Corporate social responsibility, customer satisfaction, and market value[J]. Journal of Marketing, 70: 1-18.

MacKinnon D P, Chondra M L, Hoffman J M, et al. , 2002. A comparison of methods to test mediation and other intervening variable effects[J]. Psychological Methods, 7(1): 83-104.

Maignan I, 2001. Consumers' perceptions of corporate social responsibilities: A cross-cultural comparison[J]. Journal of Business Ethics, 30: 57-72.

Maignan I, Ferrell O C, Hult G T M, 1999. Corporate citizenship: Cultural antecedents and business benefits[J]. Journal of the Academy of Marketing Science, 27: 455-469.

Marcus A A, Anderson M H, 2006. A general dynamic capability: Does it propagate business and social competencies in the retail food industry? [J]. Journal of Management Studies, 43: 19-46.

Markus H R, Kitayama S, 1991. Culture and the self: Implications for cognition, emotion, and motivation[J]. Psychological Review, 98: 224-253.

Marquis C, Glynn M A, Davis G F, 2007. Community isomorphism and corporate social action [J]. Academy of Management Review, 32: 925-945.

Matten D, Moon J, 2008. Implicit and explicit CSR: A conceptual framework for a comparative understanding of corporate social responsibility[J]. Academy Management Review, 33(2): 404-424.

Matten D, Crane A, 2005. Corporate citizenship: Towards an extended theoretical conceptualization [J]. Academy of Management Review, 30: 166-179.

McCurly S, Lynch R, 1996. Volunteer management: Mobilizing all the resources of the community [M]. Downers Grove: Heritage Arts.

McGuire J W, 1963. Business and society[M]. New York: McGraw-Hill.

McGuire J B, Sundgren A, Schneeweis T, 1988. Corporate social responsibility and firm financial performance[J]. Academy of Management Journal, 31: 854-872.

Menon S, Kahn B E, 2003. Corporate sponsorships of philanthropic activities: When do they impact perception of sponsor brand?[J]. Journal of Consumer Psychology,13(3):316-327.

Mitchell R K, Agle B R, Wood D J,1997. Toward a theory of stakeholder identification and salience: Defining the principle of who and what really counts[J]. Academy of Management Review,22:853-886.

Mizik N, Jacobson R, 2003. Trading off between value creation and value appropriation: The financial implications of shifts in strategic emphasis[J]. Journal of Marketing,67(1):63-76.

Mogilner C, Whillans A, Norton M I, 2018. Time, money, and subjective well-being[J]. Handbook of Well-Being,8:253-271.

Moll J, de Oliveira-Souza R, Eslinger P J, 2003. Morals and the human brain: A working model [J]. NeuroReport,14(3):299.

Mudrack P E, Mason E S, Stepanski K M,1999. Equity sensitivity and business ethics[J]. Journal of Occupational and Organizational Psychology,72:539-560.

Muller A, Kolk A, 2010. Extrinsic and intrinsic drivers of corporate social performance: Evidence from foreign and domestic firms in Mexico[J]. Journal of Management Studies,47: 1-26.

Neubaum D O, Zahra S A, 2006. Institutional ownership and corporate social performance: The moderating effects of investment horizon, activism, and coordination[J]. Journal of Management,32:108-131.

Nyilasy G, Gangadharbatla H, Paladino A, 2014. Perceived greenwashing: The interactive effects of green advertising and corporate environmental performance on consumer reactions[J]. Journal of Business Ethics,125(4):693-707.

Orlitzky M, Schmidt F L, Rynes S L, 2003. Corporate social and financial performance: A meta-analysis[J]. Organization Studies,24(3):403-441.

Pai D C, Lai C S, Chiu C J, et al., 2015. Corporate social responsibility and brand advocacy in business-to-business market: The mediated moderating effect of attribution[J]. Journal of Business Ethics,126(4):685-696.

Peloza J, 2009. The challenge of measuring financial impacts from investments in corporate social performance[J]. Journal of Management,35:1518-1541.

Peloza J, Shang J, 2011. How can corporate social responsibility activities create value for stakeholders? A systematic review[J]. Journal of the Academy of Marketing Science,39:117-135.

Qi J Y, Qu Q X, Zhou Y P, 2014. How does customer self-construal moderate CRM value creation chain?[J]. Electronic Commercial Research,13(5):295-304.

Ramus C A, Steger U, 2000. The roles of supervisory support behaviors and environmental policy in employee eco-initiatives at leading-edge European companies[J]. Academy of Management Journal,43:605-626.

Rozin P, Royzman E B, 2001. Negativity bias, negativity dominance, and contagion[J]. Personal Social Psychology Review,54:296-320.

Rupp D E, Williams C A, Aguilera R V, 2011. Increasing corporate social responsibility through stakeholder value internalization (and the catalyzing effect of new governance): An application of organizational justice, self-determination, and social influence theories[J]. Managerial Ethics:Managing the Psychology of Morality:69-88.

Russo M V, Fouts P A, 1997. A resource-based perspective on corporate environmental performance and profitability[J]. Academy of Management Journal,40:534-559.

Saini R, Monga A, 2008. How I decide depends on what I spend: Use of heuristics is greater for time than for money[J]. Journal of Consumer Research,34:914-922.

Schwartz M S, Carroll A B, 2003. Corporate social responsibility: A three-domain approach[J]. Business Ethics Quarterly,13(4):503-530.

Schwartz S H, 1994. Are there universal aspects in the structure and contents of human values? [J]. Journal of Social Issues,50(4):19-45.

Schwartz S H, 1992. Universals in the content and structure of values: Theoretical advances and empirical tests in 20 countries[J]. Advances in Experimental Social Psychology,25:1-65.

Scott R W, 1995. Institutions and organizations[M]. Thousand Oaks:Sage.

Sen S, Bhattacharya C B, 2001. Does doing good always lead to doing better? Consumer reactions to corporate social responsibility[J]. Journal of Marketing Research,38:225-243.

Park S B, Huh J H, 2011. Influence of CSR activity on brand equity: Mediation effect of product and service quality evaluation[J]. Journal of the Korea Contents Association, 11(12): 395-402.

Lee S J, Yoon S Y, Jang J H, 2017. A study on relation of corporate image and rapport-building segmented by types of consumer-participating CSR activities of travel agencies[J]. Journal of International Trade & Commerce,13(1):519-538.

Sharma S, 2000. Managerial interpretations and organizational context as predictors of corporate choice of environmental strategy[J]. Academy of Management Journal,43:681-697.

Sharma S, Vredenburg H, 1998. Proactive corporate environmental strategy and the development of competitively valuable organizational capabilities[J]. Strategic Management Journal, 19: 729-753.

Sheth J N, Newman B I, Gross B L, 1991. Why we buy what we buy: A theory of consumption values[J]. Journal of Business Research,22(2):159-170.

Singelis T M, 1994. The measurement of independent and interdependent self-construals[J]. Personality and Social Psychology Bulletin,20:580-591.

Singh A, Verma P, 2017. Factors influencing Indian consumers' actual buying behaviour towards organic food products[J]. Journal of Cleaning Production,167:473-483.

Steg L, Perlaviciute G, Van der Werff E, et al., 2014. The significance of hedonic values for environmentally relevant attitudes, preferences, and actions[J]. Environment and Behavior, 46(2):163-192.

Steiner G A, 1971. Changing managerial philosophies[J]. Business Horizons,1:5-10.

Stevens J M, Steensma H K, Harrison D A, et al., 2005. Symbolic or substantive document? The influence of ethics codes on financial executives' decisions[J]. Strategic Management Journal,26:181-195.

Strike V M, Gao J, Bansal P, 2006. Being good while being bad: Social responsibility and the international diversification of US firms[J]. Journal of International Business Studies, 37: 850-862.

Sturdivant F D, Grinter J L, 1977. Corporate social responsiveness: Management attitudes and economic performance[J]. California Management Review, 19(3): 30-39.

Sully de Luque M S, Washburn N T, Waldman D A, et al., 2008. Unrequited profit: How stakeholder and economic values relate to subordinates' perceptions of leadership and firm performance[J]. Administrative Science Quarterly, 53: 626-654.

Surroca J, Tribo J A, Waddock S, 2010. Corporate responsibility and financial performance: The role of intangible resources[J]. Strategic Management Journal, 31: 463-490.

Sweeney J C, Soutar G N, 2001. Consumer perceived value: The development of a multiple item scale[J]. Journal of Retailing, 77(2): 203-220.

Szykman L R, Bloom P N, Blazing J, 2004. Does corporate sponsorship of a socially-oriented message make a difference? An investigation of the effects of sponsorship identity on responses to an anti-drinking and driving message[J]. Journal of Consumer Psychology, 14(1): 13-20.

Taylor A B, MacKinnon D P, Tein J Y, 2008. Tests of the three path mediated effect[J]. Organizational Research Methods, 11(2): 241-269.

Taylor I, McNamara N, Frings D, 2020. The "doing" or the "being"? Understanding the roles of involvement and social identity in peer-led addiction support groups[J]. Journal of Applied Social Psychology, 50(1): 3-9.

Thomas S, 2023. Determinants of cause-related marketing participation intention: The role of consumer knowledge, cause scope and donation proximity[J]. Journal of Nonprofit & Public Sector Marketing, 35(2): 194-214.

Torres A, Bijmolt T H A, Tribó J A, et al., 2012. Generating global brand equity through corporate social responsibility to key stakeholders[J]. International Journal of Marketing, 29(1): 13-24.

Turban D B, Greening D W, 1997. Corporate social performance and organizational attractiveness to prospective employees[J]. Academy of Management Journal, 40: 658-672.

Tuzzolino F, Armandi B R, 1981. A need-hierarchy framework for assessing corporate social responsibility[J]. Academy of Management Review, 6: 21-28.

Underwood R, Bond E, Baer R, 2001. Building service brands via social identity: Lessons from the sports marketplace[J]. Journal of Marketing Theory and Practice, 9(1): 1-13.

Uzkurt C, 2010. Customer participation in the service process: A model and research propositions[J]. International Journal of Service Operation Management, 6: 17-37.

Varadarajan P R, Menon A, 1988. Cause-related marketing: A coalignment of marketing strategy and corporate philanthropy[J]. Journal of Marketing, 52(3): 58-74.

Victor B, Cullen J B, 1988. The organizational bases of ethical work climates[J]. Administrative Science Quarterly, 33: 101-125.

Vlachos P A, Tsamakos A, Vrechopoulos A P, et al., 2009. Corporate social responsibility:

Attributions, loyalty, and the mediating role of trust[J]. Journal of the Academy of Marketing Science, 37: 170-180.

Waddock S, 2004. Creating corporate accountability: Foundational principles to make corporate citizenship real[J]. Journal of Business Ethics, 50(4): 313-327.

Waddock S A, 2004. Parallel universes: Companies, academics, and the progress of corporate citizenship[J]. Business and Society Review, 109: 5-42.

Waddock S, Graves S, 1997. The corporate social performance-financial performance link[J]. Strategic Management Journal, 18(4): 303-319.

Walton C C, 1967. Corporate social responsibilities[M]. Belmont: Wadsworth.

Wartick S L, Cochran P L, 1985. The evolution of the corporate social performance model[J]. Academy of Management Review, 10: 758-769.

Weaver G R, Treviño L K, Cochran P L, 1999a. Corporate ethics programs as control systems: Influences of executive commitment and environmental factors[J]. Academy of Management Journal, 42: 41-57.

Weaver G R, Treviño L K, Cochran P L, 1999b. Integrated and decoupled corporate social performance: Management commitments, external pressures, and corporate ethics practices [J]. Academy of Management Journal, 42: 539-552.

Wei W, Kim G, Miao L, et al., 2018. Consumer inferences of corporate social responsibility CSR claims on packaged foods[J]. Journal of Business Research, 83: 186-201.

Westberg K, Pope N, 2014. Building brand equity with cause-related marketing: A comparison with sponsorship and sales promotion[J]. Journal of Marketing Community, 20(6): 419-437.

White K, Habib R, Hardisty D J, 2019. How to shift consumer behaviors to be more sustainable: A literature review and guiding framework[J]. Journal of Marketing, 83(3): 22-49.

Wood D J, 2010. Measuring corporate social performance: A review[J]. International Journal of Management Reviews, 12: 50-84.

Xie C, Bagozzi R P, Grønhaug K, 2019. The impact of corporate social responsibility on consumer brand advocacy: The role of moral emotions, attitudes, and individual differences [J]. Journal of Business Research, 95: 514-530.

Yang J, Basile K, 2019. The impact of corporate social responsibility on brand equity[J]. Marketing Intelligence & Planning, 37(1): 2-17.

Yoo B, Donthu N, Lee S, 2000. An examination of selected marketing mix elements and brand equity[J]. Journal of the Academy of Marketing Science, 28: 195-211.

Yoon Y, Gürhan-Canli Z, Schwarz N, 2006. The effect of corporate social responsibility(CSR): Activities on companies with bad reputations[J]. Journal of Consumer Psychology, 16(4): 377-390.

Youn S, Kim H, 2008. Antecedents of consumer attitudes toward cause-related marketing[J]. Journal of Adverting Research, 48(1): 123-137.

Zasuwa G, 2016. Do the ends justify the means? How altruistic values moderate consumer responses to corporate social initiatives[J]. Journal of Business Research, 69(9): 3714-3719.

Zeithaml V A, 1988. Consumer perceptions of price, quality, and value: A means-end model and synthesis of evidence[J].Journal of Marketing,52(3):2-22.

Zhang Y,Lin C,Yang J,2019.Time or money? The influence of warm and competent appeals on donation intentions[J].Sustainability,11:1-17.

Zhu L,He Y,Chen Q,et al.,2017.It's the thought that counts:The effects of construal level priming and donation proximity on consumer response to donation framing[J].Journal of Business Research,76:44-51.

陈宏辉,张麟,向燕,2016.企业社会责任领域的实证研究:中国大陆学者2000—2015年的探索[J].管理学报,13(7):1051-1059.

贺汝婉,李斌,张淑颖,等,2021.时间与金钱概念对消费者购买决策的不同影响及其心理机制[J].心理科学进展,29(9):1684-1695.

卢东,2016.基于消费者视角的企业社会责任研究[M].北京:科学出版社:63.

唐更华,2008.企业社会责任发生机理研究[M].长沙:湖南人民出版社:7.

王裕豪,袁庆华,徐琴美,2009.自我建构量表SCS:中文版的初步试用[J].中国临床心理学杂志,166:602-604.